Caminos Wortschatz

Das komplette Vokabular zum Lehrwerk

Ernst Klett Sprachen
Barcelona Belgrad Budapest Ljubljana
London Posen Prag Sofia Stuttgart Zagreb

Caminos Wortschatz

Das komplette Vokabular zum Lehrwerk

4. Auflage 1 5 4 | 2011 10 09 08

Alle Drucke dieser Auflage können im Unterricht nebeneinander benutzt werden, sie sind untereinander unverändert. Die letzten Zahlen bezeichnen jeweils die Auflage und das Jahr des Druckes.

Internetadresse: www.klett.de

Redaktion Beate Strauß, Janine Franke
Gestaltung Marion Köster
Druck W. Kohlhammer Druckerei GmbH + Co. KG, Stuttgart

ISBN 978-3-12-514951-9

9 783125 149519

Spanisch – Deutsch

Hier finden Sie alle Wörter aus *Caminos* in alphabetischer Reihenfolge mit Übersetzung. Bei Wörtern, die in unterschiedlichen Bedeutungen vorkommen, ist der jeweilige Kontext angegeben. Diese Wortliste ersetzt allerdings kein Wörterbuch, da sie sich nur auf die Inhalte von *Caminos* beschränkt.

Die **fett** gedruckten Wörter gehören zur Wortliste des **Europäischen Sprachenzertifikats Spanisch**.

Im Interesse der Übersichtlichkeit wurde auf die Angabe des Artikels verzichtet. Spanische Substantive, deren Geschlecht nicht an der typischen Endung (**o** = männlich, **a** = weiblich) zu erkennen ist, tragen den Hinweis *m* für maskulin und *f* für feminin. Beachten Sie die Schreibweise der Endungen: **amigo/-a** bedeutet, dass die weibliche Endung (**a**) die männliche (**o**) ersetzt; **profesor/a** bedeutet, dass die weibliche Endung (**a**) an die männliche Form angehängt wird.

Zu Verben mit unregelmäßigen Präsensformen findet sich ein Hinweis: *(i), (í), (ie), (ú), (ue), (y), (zc)*.

Abkürzungen:
Adj = Adjektiv
Adv = Adverb
f = feminin, weiblich
fam = familiär, umgangssprachlich
inf = Infinitiv
LA = lateinamerikanische Variante
m = maskulin, männlich
subj = Subjuntivo
Subst = Substantiv

A

a nach, zu
a base de aufgrund von
a cambio (de) dafür, für
a causa de aufgrund von
a continuación anschließend
a cuadros kariert
a cuenta de la casa auf Kosten des Hauses
a diferencia de im Unterschied zu
a domicilio frei Haus
a eso de las dos ungefähr um zwei
a favor dafür
a favor de zugunsten von, für
a finales (de) am Ende (von)
a fines de Ende …
a fondo gründlich
a la atención de zu Händen von
a la brasa gegrillt
a la derecha rechts
a la espera de in Erwartung …
a la hora de + *inf* bei(m)
a la izquierda links
a la mayor brevedad (posible) baldmöglichst
a la plancha gegrillt, in der Pfanne gebraten
a la riojana nach Rioja-Art
a la romana paniert
a la una um eins
a la vez gleichzeitig
a las dos um zwei
a lo largo de im Laufe von, entlang
a lo tonto wie verrückt
a los… años mit … Jahren
a mediados de Mitte …
a medida maßgeschneidert
a medida que in dem Maße wie
a menos que + *subj* es sei denn, dass
a menudo häufig, oft
a mí mir, mich
a mi juicio meiner Meinung nach
a mi parecer meiner Meinung nach
¿A nombre de quién? Auf welchen Namen?
a nuestro entender unseres Erachtens
a nuestro favor zu unseren Gunsten
a orillas de am Ufer von
a oscuras im Dunkeln
a partir de ab; ausgehend von
a pesar de trotz
a pie zu Fuß
a principios de zu Beginn von
a propósito de apropos
¿A qué hora? Um wie viel Uhr?
¿A quién? Wem?
a rayas gestreift
a ser posible wenn möglich
a simple vista auf den ersten Blick
a su alrededor um sich herum
a ti dir, dich
a tiempo rechtzeitig
a tiempo parcial Teilzeit
a través de durch, über
a veces manchmal
a ver mal sehen
a. C. (= antes de Cristo) vor Christus
abajo unten
abandonar verlassen
abeja Biene
abierto/-a offen, geöffnet
abogado/-a (Rechts-)Anwalt / Anwältin
abonado/-a Abonnent/in; Teilnehmer/in
abonar gutschreiben
abracadabra *m* Abrakadabra
abrasador/a brennend, sengend
abrazo Umarmung
abrelatas *m* Dosenöffner

ábrete sésamo Sesam öffne dich
abreviatura Abkürzung
abrigo Mantel; Schutz, Obdach
abril *m* April
abrir öffnen
abrir sus horizontes seinen Horizont erweitern
absoluto/-a absolut; völlig
absurdo/-a absurd
abuelito/-a Opa / Oma
abuelo/-a Großvater/-mutter
abundante reichlich
aburrido/-a langweilig; gelangweilt
aburrimiento Langeweile
aburrirse sich langweilen
abuso Missbrauch
acá *(LA)* hier
acabar (be)enden
acabar de + *inf* gerade etwas getan haben
acabarse zu Ende gehen
academia (Privat-)Schule
academia de idiomas Sprachschule
acariciar streicheln
acatarrado/-a erkältet
acceder (a) Zugang haben (zu)
acceso Zugang, Zugriff
accesorio Zubehörteil
accidente *m* Unfall
acción *f* Handlung; Aktie
aceite *m* Öl
aceite *m* **de oliva** Olivenöl
aceituna Olive
acento Akzent
aceptable annehmbar
aceptación *f* Annahme, Zustimmung
aceptar annehmen
acerca de über; in Bezug auf
acercar her(an)bringen
acercarse (a) sich nähern
acertar *(ie)* treffen
aclarar (auf)klären, erklären, erläutern
acoger aufnehmen; empfangen
acompañar begleiten
aconsejable ratsam
aconsejar raten, empfehlen
acontecimiento Ereignis
acordar *(ue)* vereinbaren
acordarse *(ue)* **(de)** sich erinnern (an)
acortar (ab)kürzen
acostarse *(ue)* sich hinlegen, zu Bett gehen
acostumbrado/-a (a) gewohnt (zu)
acostumbrar (a) zu tun pflegen
acostumbrarse (a) sich gewöhnen (an)
actitud *f* Einstellung, Haltung
actividad *f* Handlung, Aktivität
actividad *f* **laboral** Beschäftigung; Beruf(stätigkeit)
activo/-a aktiv
acto Handlung, Tat, (Fest-)Akt
actor / actriz Schauspieler/in
actor / actriz secundario/-a Nebendarsteller/in
actual aktuell
actualidad *f* Aktualität
actualmente zur Zeit
actuar *(ú)* handeln; (mit)wirken
acuario Aquarium
acuerdo Vereinbarung, Einverständnis
acumulador *m* Akku
acusado/-a Angeklagte/r
acusar anklagen; beschuldigen; bestätigen
acusar recibo de den Empfang von … bestätigen
acusativo Akkusativ
adaptable anpassungsfähig
adaptado/-a adaptiert
adaptar anpassen

adaptarse sich anpassen
adecuado/-a passend
adelantar vorwärts kommen
adelante vor(wärts)
adelgazar abnehmen
además außerdem
adicción *f* Sucht
adicional zusätzlich
adicto/-a süchtig
adiós auf Wiedersehen
adivinanza Rätsel
adivinar (er)raten
adjetivo Adjektiv
adjuntar beilegen, beifügen
adjunto/-a beiliegend, anbei
administración *f* Verwaltung
administrar verwalten
admiración *f* Bewunderung
admirar bewundern
admitir zulassen; annehmen; zugeben
adolescencia Jugend
adolescente *m/f* Jugendliche/r
adonde wohin
¿Adónde? Wohin?
adoptar adoptieren; *(Nationalität, Religion, Brauch)* annehmen
adorable entzückend, bezaubernd
adorar verehren
adornado/-a geschmückt
adornar schmücken
adorno Schmuck
adquirir *(ie)* erwerben
aduana Zoll(amt)
adulto/-a erwachsen; Erwachsene/r
adverbio Adverb
advertir *(ie)* bemerken; hinweisen (auf); warnen
adviento Advent
aéreo/-a Luft-
aeropuerto Flughafen
aeroturbina Turbine
afectar (a) betreffen
afectuoso/-a herzlich, liebevoll
afeitadora Rasierapparat
afeitarse sich rasieren
afición *f* Neigung, Hobby
aficionado/-a Liebhaber/in, Fan; *(Adj)* Hobby-
afilalápices *m* (Bleistift-)Spitzer
afirmación *f* Aussage
afirmar behaupten; bestätigen
afortunadamente glücklicherweise, zum Glück
África Afrika
africano/-a afrikanisch; Afrikaner/in
afro-caribeño/-a afrokaribisch
agave *f* Agave
agencia Agentur
agencia de viajes Reisebüro
agencia fotográfica Bildagentur
agencia inmobiliaria Immobilienagentur
agenda Kalender; Notizbuch
agente *m/f* Agent/in, Vertreter/in
agente *m/f* **de policía** Polizist/in
agente *m/f* **de viaje** Reiseverkehrskaufmann/-frau
agitación *f* Aufregung, Hektik
agitar aufregen
agosto August
agotar ausverkaufen; aus-, erschöpfen
agradable angenehm, nett
agradecer *(zc)* danken
agradecido/-a dankbar
agregar hinzufügen
agresivo/-a aggressiv
agrícola Agrar-, landwirtschaftlich
agricultor/a Landwirt/in
agricultura Landwirtschaft
agua Wasser
agua corriente fließendes Wasser
agua dulce Süßwasser
agua mineral Mineralwasser

agua salada Salzwasser
aguacate *m* Avocado
aguantar aushalten, ertragen
aguardiente *m* Schnaps, Feuerwasser
aguas termales Thermalquelle
águila Adler
agujero Loch
agujero de ozono Ozonloch
ah ah; ach, oh
ahí dort
ahijado/-a Patenkind
ahora jetzt
ahora mismo sofort
ahorrar sparen
aire *m* Luft; Wind; Aussehen
aire *m* **acondicionado** Klimaanlage
aislado/-a isoliert, vereinzelt
ajo Knoblauch
al + *inf* beim …
al aire libre unter freiem Himmel
al ajillo in Knoblauchsoße
al año im Jahr
Al aparato. Am Apparat.
al borde de am Rande von
al contrario im Gegenteil
al final am Ende
al fondo am Ende, hinten, im Hintergrund
al gusto nach Belieben
al lado (de) daneben, neben
al mediodía mittags
al menos mindestens
al mismo tiempo (que) zur gleichen Zeit (wie)
al pie de am Fuß von
al principio am Anfang
al respecto diesbezüglich
al revés umgekehrt
al sur (de) südlich (von)
al vapor gedünstet
ala Flügel
alabar loben
albarán *m* Lieferschein
albergue *m* **(juvenil)** (Jugend-) Herberge
albóndiga Fleischklößchen
alcanzar erreichen
alce *m* Elch
alcohol *m* Alkohol
alcohólico/-a alkoholisch
alegrarse (de) sich freuen (über)
alegre fröhlich
alegría Freude
alejado/-a entlegen, weit entfernt
alejarse sich entfernen
alemán *m* Deutsch
alemán/-ana deutsch; Deutsche/r
Alemania Deutschland
alergia Allergie
alfabeto Alphabet
alfombra Teppich
alfombrar mit Teppich überziehen
algo etwas
¿Algo más? Noch etwas?
algodón *m* Baumwolle
alguien jemand
algún / alguno/-a irgendein/e, jemand
alguna vez (irgend)einmal
algunos/-as einige
alimentación *f* Ernährung
alimentar (er)nähren
alimentarse sich ernähren
alimento Nahrung(smittel), Lebensmittel
ali-oli *m* *Soße aus Knoblauch und Öl*
aliviar mildern, lindern
allá dort(hin)
allí da, dort
alma Seele
almacenar (ein)lagern
almendra Mandel
almidón *m* Stärke(mehl)
almohada Kopfkissen
almorzar *(ue)* zu Mittag essen

almuerzo Mittagessen
alojamiento Unterkunft
alojarse sich einquartieren
alquilar (ver)mieten
alquiler *m* Miete
alrededor de circa
alrededores *m* Umgebung
al revés umgekehrt
alta sociedad *f* höhere Gesellschaft
altar *m* Altar
altavoz *m* Lautsprecher
alternativa Alternative
alternativo/-a alternativ
alto/-a hoch, groß
altura Höhe
alumbrar (an)leuchten
aluminio Aluminium
alumno/-a Schüler/in, Lerner/in
ama *f* **de casa** Hausfrau
amabilidad *f* Liebenswürdigkeit
amable nett, liebenswürdig
amar lieben
amargo/-a bitter
amarillo/-a gelb
Amazonía Amazonasgebiet
ambicioso/-a ehrgeizig
ambiental Umwelt-
ambiente *m* Umwelt; Atmosphäre
ámbito Umkreis, Bereich
ambos/-as beide
ambulancia Krankenwagen
amenaza Drohung
amenazar (be)drohen
América Amerika
América Central Zentralamerika
América Latina Lateinamerika
americano/-a amerikanisch; Amerikaner/in
amigo/-a Freund/in
amistad *f* Freundschaft
amistades *f* Freunde, Freundeskreis
amor *m* Liebe
ampliación *f* Erweiterung
ampliar *(í)* erweitern
amplio/-a breit, weit; umfassend, umfangreich
amueblado/-a möbliert
amueblar möblieren
añadir hinzufügen
análisis *m* Analyse
analizar analysieren
ancho Breite
ancho/-a breit, weit
¡Anda! Ach, komm!
Andalucía Andalusien
andaluz/a andalusisch; Andalusier/in
andar (zu Fuß) gehen
Andes *m* Anden
andino/-a von den Anden
anécdota Anekdote
anexo Anlage
anfitrión/-ona Gastgeber/in
ángel *m* Engel
anglófono/-a englischsprachig
anglosajón/-ona angelsächsisch; Angelsachse/-sächsin
anhelo Sehnsucht
animación *f* Animation
animal *m* Tier
animal *m* **doméstico** Haustier
animar anregen, animieren
animarse (a) sich entschließen, Lust bekommen (zu)
ánimo Mut; Gemüt
aniversario Jubiläum, Jahrestag
año Jahr
Año Nuevo Neujahr
anoche gestern Abend
anónimo/-a anonym
anorexia Magersucht
anotar notieren, aufschreiben
ansiedad *f* Angst, Beklemmung
ante angesichts, vor
anteayer vorgestern

antena parabólica Satellitenschüssel
anterior vorhergehend
antes vorher, früher
antes de vor, bevor
antes (de) que + *subj* bevor
antes que nadie als erster, zuerst
antifranquista gegen Franco
antigüedad *f* Alter
antiguo/-a alt, ehemalig
antipático/-a unsympathisch
antología Gedichtsammlung
antropología Anthropologie
anual jährlich
anulación *f* Stornierung
anunciar ankündigen, verkünden
anuncio Anzeige
apadrinamiento Patenschaft
apadrinar Pate werden (von)
apagar ausschalten; ausblasen, löschen
aparato Gerät
aparcamiento Parkplatz
aparcar parken
aparecer *(zc)* auftauchen, vorkommen
aparentar (er)scheinen, aussehen (wie)
apariencia Aussehen
apartado (de Correos) Postfach
apartamento Appartement
aparte einzigartig, einmalig
aparte de abgesehen von
apasionado/-a leidenschaftlich
apellido Nachname
apenas kaum
aperitivo Aperitif
apertura (Er-)Öffnung
apetecer *(zc)* mögen, Lust haben (auf)
apetito Appetit
aportar beitragen
apóstol *m* Apostel
apoyar unterstützen
apoyo Unterstützung
apreciable schätzenswert
apreciado/-a geschätzte/r, geehrte/r
apreciar (wert)schätzen
aprender lernen
aprender de memoria auswendig lernen
aprendiente *m/f* Lerner/in
aprendizaje *m* Lernen
apretar *(ie)* drücken
aprieto Not, Klemme
aprobar *(ue)* billigen; genehmigen; bestehen
apropiado/-a geeignet
aprovechar (aus)nutzen
aprovecharse de ausnutzen, profitieren von
aproximadamente ungefähr
aproximado/-a ungefähr
apuntar notieren, aufschreiben
apunte *m* Notiz
aquel / aquello/-a jene/r/s
aquí hier
aquí mismo gleich hier
árabe arabisch; Araber/in
árbol *m* Baum
árbol *m* **genealógico** Stammbaum
archivador *m* (Akten-)Ordner
archivar speichern
archivo Ordner, Archiv
arder brennen
área Gebiet
área protegida Schutzgebiet
arena Sand
Argentina Argentinien
argentino/-a argentinisch; Argentinier/in
argumentar argumentieren
argumento Argument; Handlung
arma Waffe
armado/-a bewaffnet
armario Schrank

armonía Harmonie
arqueológico/-a archäologisch
arquitecto/-a Architekt/in
arquitecto/-a de interiores Innenarchitekt/in
arquitectónico/-a architektonisch
arquitectura Architektur
arraigar (ver)wurzeln
arrancar starten; anspringen; (her)ausreißen
arreglar regeln; herrichten
arreglarse sich zurechtmachen
arresto domiciliario Hausarrest
arriba oben
arroba @ (Klammeraffe)
arrogante überheblich
arroz *m* Reis
arte *m* / **artes** *f* Kunst
artesanía Kunsthandwerk
artículo Artikel
artificial künstlich
artista *m/f* Künstler/in
artístico/-a künstlerisch, artistisch
asado Braten
asado/-a gebraten
ascender *(ie)* **a** betragen, sich belaufen auf
ascensor *m* Aufzug
asco Ekel
asegurar zu-, versichern
asegurarse sich versichern
asesinado/-a ermordet
asesinar ermorden
asesino/-a Mörder/in
asesor/a Berater/in
asesorar beraten
asesoría Beratung
así so
así como sowie
así que folglich, so dass
Asia Asien
Asia Menor Kleinasien
asiático/-a asiatisch; Asiat/in
asiento (portabebés) (Kinder-)Sitz
asilo Asyl
asimismo ebenfalls
asistir (a) teilnehmen (an); assistieren, helfen
asma Asthma
asociación *f* Verbindung, Zusammenschluss
asociación *f* **de hermanamiento** Partnerschaftsverein
asociación *f* **protectora de animales** Tierschutzverein
asociar assoziieren, verbinden
asociarse (con) sich zusammenschließen (mit), sich anschließen (an)
asomarse sich zeigen, erscheinen
aspecto Gesichtspunkt, Aspekt
aspecto físico Aussehen
aspiradora Staubsauger
aspirina Aspirin
asterisco Stern(chen)
astronomía Astronomie
asumir an-, übernehmen
asunto Angelegenheit; Betreff
asustarse erschrecken
atacar angreifen
ataque *m* Angriff
ataque *m* **de asma** Asthmaanfall
ataque *m* **de nervios** Nervenzusammenbruch
atasco (Verkehrs-)Stau
Atenas Athen
atención *f* Aufmerksamkeit; Achtung
atención *f* **al cliente** Kundendienst
atención *f* **médica** medizinische Betreuung
atender *(ie)* entgegennehmen, berücksichtigen, nachkommen
atentado Attentat

atentamente aufmerksam; hochachtungsvoll, mit freundlichen Grüßen
atento/-a aufmerksam; höflich
ateo/-a atheistisch, gottlos
Atlántico Atlantik
atracción *f* Attraktion
atractivo Anziehungspunkt
atractivo/-a attraktiv
atraer *(vgl. traer)* anziehen, anlocken
atrás (nach) hinten
atravesar *(ie)* über-, durchqueren; durchstoßen
atreverse wagen, sich trauen
atril *m* **para rotafolios** Flipchart
auditivo/-a auditiv, Hör-
aula Klassenzimmer, Hörsaal
aumentar zunehmen; erhöhen
aumento Zunahme; Erhöhung
aun sogar, selbst
aún noch
aunque obwohl; selbst wenn
Australia Australien
australiano/-a australisch; Australier/in
Austria Österreich
austríaco/-a österreichisch; Österreicher/in
auténtico/-a echt, authentisch
auto *(LA)* Auto
autoayuda Selbsthilfe
autobús *m* Bus
automático Druckknopf
automático/-a automatisch
automoción *f* Kraftfahrzeugwesen
automóvil *m* Auto(mobil)
automovilista *m/f* Autofahrer/in
automovilístico/-a Automobil-
autonomía Autonomie
autónomo/-a selbstständig; Selbstständige/r
autopista Autobahn
autor/a Autor/in
autoridad *f* Behörde, Amt
autorización *f* Genehmigung
autorizar bevollmächtigen, genehmigen
autoservicio Selbstbedienung
autostop *m* Trampen
avance *m* Fortschritt
avanzado/-a fortgeschritten; Fortgeschrittene/r
avanzar vorrücken
ave *f* **(acuática)** (Wasser-)Vogel
AVE *m* Hochgeschwindigkeitszug
avenida (Avda.) Allee
aventura Abenteuer
avergonzarse sich schämen
avería (Betriebs-)Störung, Panne, Schaden, Havarie
avión *m* Flugzeug
avisar benachrichtigen
aviso Benachrichtigung; Warnung
aviso de envío Versandanzeige
ayer gestern
aymará *m* *indianische Sprache*
ayuda Hilfe
ayudar helfen
ayuntamiento Rathaus
azúcar *m* Zucker
azul blau

B

bachillerato Abitur; gymnasiale Oberstufe
bailar tanzen
bailarín/-ina Tänzer/in
baile *m* Tanz
bajar hinuntergehen, -fahren; aussteigen; senken; herunterladen
bajo unter
bajo/-a niedrig, klein
balcón *m* Balkon

B

Baleares *f* Balearen
ballena Wal
balneario Bade-, Kurort
baloncesto Basketball
bañar(se) baden
banco Bank
banda Fließband
bandeja Ablagekorb; Tablett
bandera Flagge
bañera Badewanne
baño Bad
bar *m* Kneipe
barato/-a billig
barba (Voll-)Bart
barbacoa Grillparty, Barbecue
Barceloneta *Hafenviertel in Barcelona*
barco Schiff
barco petrolero Öltanker
barra Theke
barra de pan Stangenbrot
barrer kehren
barrera Schranke, Grenze
barriga Bauch
barril *m* Fass
barrio Viertel
barroco/-a barock
basar(se) (en) basieren (auf); sich stützen (auf)
base *f* Grundlage
básico/-a Basis-, Grund-
basílica Basilika
basta con + *inf* es genügt zu
bastante ziemlich
bastantes etliche
bastar genügen
bastón *m* Stock
basura Müll
batería Batterie
batidora Mixer
batir schlagen
bautizo Taufe
bávaro/-a bayrisch
bebé *m* Baby
beber trinken
bebida Getränk
beca Stipendium
belén *m* Krippe
Belén Bethlehem
belga belgisch; Belgier/in
Bélgica Belgien
Bella Durmiente Dornröschen
Bellas Artes *f* Schöne Künste
belleza Schönheit
bello/-a schön
Berna Bern
beso Kuss
Biblia Bibel
biblioteca Bibliothek
bicho Tier, Insekt
bici(cleta) Fahrrad
bicicleta estática Hometrainer
bien gut
bien comunicado/-a verkehrsgünstig gelegen
bienes *m* Güter, Besitz
bienestar *m* Wohl(befinden)
bienvenido/-a willkommen
bigote *m* Schnurrbart
bilingüe zweisprachig
billete *m* Fahrkarte
biografía (lingüística) (Sprach-) Biografie
biográfico/-a biografisch
biología Biologie
biotopo Biotop
bisabuelo/-a Urgroßvater/ -mutter
Blancanieves *f* Schneewittchen
blanco/-a weiß
blando/-a weich
bloquear blockieren
bloquearse *(PC)* abstürzen
blusa Bluse
boca Mund
bocadillo belegtes Brötchen
boda Hochzeit
bodega Weinkeller(ei)

bohemio Bohemien, Lebemann
bolero Bolero *(Tanz)*
bolígrafo Kugelschreiber
Bolivia Bolivien
boliviano/-a bolivianisch; Bolivianer/in
Bolonia Bologna
bolsa Tüte
bolsa de usar y tirar Wegwerftüte
Bolsa Börse
bolsillo (Jacken-, Hosen-)Tasche
bolso Tasche
bomba Bombe
bombardeo Bombardierung
bombilla Glühbirne
bombilla de bajo consumo Energiesparlampe
bombón *m* Praline
bonito/-a schön
borrar (aus)radieren
bosque *m* Wald
bossa nova *lateinamerikan. Musikstil*
bota Stiefel
botana *(Mexiko)* Aperitif
bote *m* Boot
botella Flasche
botón *m* Knopf
Brasil Brasilien
brasileño/-a brasilianisch; Brasilianer/in
brazo Arm
breve kurz (und bündig)
brindis *m* Zuprosten, Anstoßen
brisa Brise, leichter Wind
broma Scherz
bromear Scherze machen
bruja Hexe
brutal ungeheuerlich
bruto/-a Brutto-
bucear tauchen
buceo Tauchsport
¡Buena suerte! Viel Glück!
buenísimo/-a sehr gut
bueno… nun (ja) …
bueno/-a gut
buffet *m* Buffet
Bulgaria Bulgarien
burocracia Bürokratie
burro Esel
bus *m* **(urbano)** *(LA)* Bus
buscador *m* Suchmaschine
buscador/a Sucher/in
buscar suchen; abholen
búsqueda Suche
buzón *m* Briefkasten

C

c. v. (= currículum vitae) *m* Lebenslauf
caballero Herr
caballo Pferd
cabello Haar
caber (hinein)passen
cabeza Kopf
cabina telefónica Telefonzelle
cabra Ziege
cabritillo Geißlein
cacahuete *m* Erdnuss
cada jede/r/s
cada uno/-a jede/r/s
cada vez jedes Mal, immer
cadena Kette; Kettenübung
cadena para la nieve Schneekette
caer bien / mal gut / nicht gut leiden können
caer(se) *(yo me caigo)* (hin)fallen
café *m* Kaffee; Café
cafetera Kaffeemaschine
cafetería Café, Cafeteria
caimán *m* Kaiman *(Krokodil)*
caja Kasse; Schachtel, Kiste
caja fuerte Tresor
caja tonta *(fam)* Glotze
cajero automático Geldautomat
calabaza Kürbis
calamar *m* Tintenfisch

calavera Totenkopf
calculadora Taschenrechner
calcular rechnen; schätzen
cálculo (Be-)Rechnung
calefacción *f* Heizung
calendario Kalender
calentamiento Erwärmen, Erhitzen
calibre *m* Kaliber
calidad *f* Qualität
caliente warm, heiß
calificación *f* Qualifikation
callado/-a still, ruhig, schweigend
callar verschweigen
callarse schweigen
calle *f* Straße
calleja Gasse
calor *m* Hitze
calvo/-a glatzköpfig
calzar *(Schuhe)* tragen
cama Bett
cámara Kamera
cámara digital Digitalkamera
cámara fotográfica Fotokamera
camarero/-a Kellner/in
cambiar (sich) (ver)ändern; wechseln, umtauschen; umsteigen
cambiarse de casa umziehen
cambio Wechsel, (Ver-)Änderung
camello Kamel
caminante *m/f* Wanderer/-in
caminar gehen
caminata langer Fußmarsch
camino Weg
Camino de Santiago Jakobsweg
camión *m* Lastwagen; *(LA)* Bus
camisa Hemd
camiseta T-Shirt
campaña Kampagne
campanada Glockenschlag
campeón/-ona Meister/in
campesino/-a Bauer / Bäuerin
cámping *m* Camping(platz)
campo Feld; (Acker-)Land; Gebiet
caña (kleines gezapftes) Bier
Canadá Kanada
canadiense kanadisch; Kanadier/in
canal *m* **de televisión** Fernsehsender
cancelación *f* Stornierung
cancelar streichen; absagen
canciller *m/f* Kanzler/in
canción *f* Lied
candidato/-a Bewerber/in
candombe *m* *(LA)* Candombe *(afrikan. Tanz)*
canguro *m/f* Babysitter/in
cañón *m* **de proyección** Beamer
cansado/-a müde
cansancio Müdigkeit
cansar ermüden
cansarse müde werden
Cantábrico Kantabrisches Meer
cantábrico/-a kantabrisch
cantante *m/f* Sänger/in
cantar singen
cantautor/a Liedermacher/in
cantidad *f* Menge; Betrag
canto (Lob-)Gesang
caos *m* Chaos
capa Schicht; Umhang
capacidad *f* Fähigkeit; Kapazität, Fassungsvermögen
capacidad *f* **de gestión** Führungsstärke
capaz fähig, imstande
Caperucita Roja Rotkäppchen
capital *f* Hauptstadt
capital *m* Kapital
capitalismo Kapitalismus
capitalista kapitalistisch
capitán *m* Kapitän
capucha Kapuze
cara Gesicht; Miene; Seite; *(Münze)* „Kopf"
carácter *m* Charakter

característica Eigenschaft
característico/-a charakteristisch
caracterización *f* Charakterisierung
caracterizar charakterisieren
caramelo Bonbon
cárcel *f* Gefängnis
cargar laden
cargo Last(en), Kosten; Posten
Caribe *m* Karibik
caribeño/-a aus der Karibik
caricatura Karikatur
cariduro/-a *(LA)* frech, dreist
cariño Liebe, Zuneigung
cariñoso/-a liebevoll, zärtlich
carnaval *m* Karneval
carne *f* Fleisch
carne *f* **picada** Hackfleisch
carnet *m* Ausweis
carnet *m* **de conducir** Führerschein
carnicería Metzgerei
caro/-a teuer
carpincho Wasserschwein
carrera de coches Autorennen
carrete *m* Rolle, Spule
carretera Landstraße
carro *(LA)* Auto
carta Brief; Speisekarte; Spielkarte
carta al director Leserbrief
carta de crédito Akkreditiv
carta de iniciativa propia Spontan-, Blindbewerbung
carta de presentación Bewerbungsschreiben
cartel *m* Plakat
cartera Brieftasche
cartón *m* Pappe, Karton
casa Haus
casa real Königshaus
casado/-a verheiratet
casarse heiraten
cascada Wasserfall
casco Helm
caserío *baskisches Landhaus*
casete *f* Kassette
casi fast
casilla (Spiel-)Feld
casino (Spiel-)Kasino
caso Fall; Kasus
caso de que + *subj* für den Fall, dass
castaño/-a kastanienbraun
castellano Kastilisch, Spanisch
Castilla Kastilien
castillo Schloss
casualidad *f* Zufall
catalán *m* Katalanisch
catálogo Katalog
Cataluña Katalonien
catarata Wasserfall
catástrofe *f* Katastrophe
catedral *f* Kathedrale, Dom
categoría Kategorie
católico/-a katholisch; Katholik/in
catorce vierzehn
causa Grund
causar verursachen
cava *m* Sekt
cazuela Kasserolle, (Schmor-)Topf
cebolla Zwiebel
cedé *m* CD
ceja Augenbraue
celebración *f* Feier
celebrar feiern; veranstalten
celo Klebeband, Tesafilm
celoso/-a eifersüchtig
celular *m* *(LA)* Handy
cementerio Friedhof
cena Abendessen
cenar zu Abend essen
Cenicienta Aschenputtel
censura Zensur
centímetro Zentimeter
céntimo Cent

central zentral
central *f* (Telefon-)Zentrale
céntrico/-a zentral gelegen
centro Zentrum, Mitte
centro clínico Klinikum
centro comercial Einkaufszentrum
Centro de Información y Turismo Fremdenverkehrsamt
centro de trabajo Arbeitsstätte
Centroamérica Mittelamerika
cepillo Bürste
cepillo de dientes Zahnbürste
cera Wachs
cerámica Keramik
cerca (de) fast, annähernd; in der Nähe (von)
cercano/-a nahe gelegen
cerdo Schwein
ceremonia Feierlichkeit
cereza Kirsche
cero null
cerrado/-a geschlossen
cerrar *(ie)* schließen
certeza Gewissheit, Sicherheit
certificación *f* Bescheinigung, Nachweis
certificado Zertifikat
certificado/-a beglaubigt; *(Scheck)* bestätigt; Einschreibe-
certificado de antecedentes penales polizeiliches Führungszeugnis
certificado de avería Havariezertifikat
Certificado Europeo de Idiomas Europäisches Sprachenzertifikat
certificado médico ärztliches Attest
cerveza Bier
cesta Korb
chalet *m* Einfamilienhaus
champán *m* Champagner
champiñón *m* Champignon
chaqueta Jacke, Sakko
charcutería Wurstladen, -stand
charlar plaudern
chat *m* Chat *(schriftl. Dialog per Internet)*
chatear chatten
chaucha *(LA)* Bohne
checo/-a tschechisch; Tscheche/-in
cheque *m* Scheck
cheque *m* **de viaje** Reisescheck
chicle *m* Kaugummi
chico/-a Junge / Mädchen
chile *m* Chili, Cayennepfeffer
Chile Chile
chileno/-a chilenisch; Chilene/-in
chimenea Kamin
China China
chino Chinesisch
chino/-a Chinese/-in
chocar (con) kollidieren (mit), zusammenstoßen (mit)
choclo *(LA)* Mais
chocolate *m* Schokolade
chocolatería Café
choque *m* Schock; Zusammenstoß
chorizo *luftgetrocknete Paprikawurst*
chubasco Regenschauer
chupa chups *m* Lutscher
churro *in Öl gebackener Kringel*
chusma Pöbel
ciclista *m/f* Radfahrer/in
ciclo Zyklus
ciego/-a blind
cielo Himmel
cien(to) hundert
ciencia Wissenschaft
Ciencias Naturwissenschaften
Ciencias Políticas Politikwissenschaften

Ciencias Sociales Sozialwissenschaften
científico/-a wissenschaftlich; Wissenschaftler/in
cierto/-a gewiss
cifra Ziffer, Zahl
cigarrillo Zigarette
cigarro Zigarre
cilantro Koriander
cinco fünf
cincuenta fünfzig
cine *m* Kino
cinematográfico/-a Film-
cintura Taille
cinturón *m* Gürtel
círculo Kreis
circunstancia (Begleit-)Umstand
cita Verabredung
citar nennen, zitieren
ciudad *f* Stadt
ciudad *f* **hermanada** Partnerstadt
ciudad *f* **universitaria** Studentenstadt
ciudadano/-a (Staats-)Bürger/in
ciudadano/-a comunitario/-a EU-Bürger
civil bürgerlich; standesamtlich
civil *m/f* Zivilist/in
civilización *f* Kultur, Zivilisation
claro/-a klar, natürlich
claro (que sí) klar, natürlich
clase *f* Klasse; Art; Unterricht
clase *f* **alta** Oberschicht
clase *f* **baja** Unterschicht
clase *f* **individual** Einzelunterricht
clase *f* **media** Mittelschicht
clase *f* **turista** Touristenklasse
clásico Klassiker
clásico/-a klassisch
clasificación *f* Klassifikation
clasificar ordnen
clave *f* **de acceso** Passwort
clave *f* **personal** Passwort, Geheimzahl
clavel *m* Nelke
cliente/-a Kunde/-in
clima *m* Klima
clímax *m* Höhepunkt
clínica Klinik
club *m* Verein
club *m* **de trueque** Tauschbörse
coalición *f* Koalition
cobarde feige
cobertura Deckung
cobrar erhalten, einnehmen; verlangen, berechnen
cobre *m* Kupfer
coca Koka(pflanze)
cocer *(ue)* kochen
coche *m* Auto
coche-cama *m* Schlafwagen
coche-restaurante *m* Speisewagen
cochecito *m* **de bebé** Kinderwagen
cocido Eintopf
cocido/-a gekocht
cocina Küche; Herd
cocina eléctrica Elektroherd
cocinar kochen
cocinero/-a Koch / Köchin
cocodrilo Krokodil
cóctel *m* Cocktail
Código de Circulación Straßenverkehrsordnung
código postal Postleitzahl
codo Ellenbogen
cofradía Laienbruderschaft
coger nehmen; *(Krankheit)* bekommen; berechnen; einlösen
cohete *m* Rakete; Feuerwerkskörper
coincidir übereinstimmen
col *f* Kohl
cola Schwanz

colaboración *f* Zusammenarbeit
colaborador/a Mitarbeiter/in
colaborar zusammenarbeiten, mitwirken
colección *f* Sammlung
coleccionar sammeln
colectivo Gruppe; *(LA)* Bus
colectivo/-a gemeinschaftlich, gemeinsam
colectivo marginado Randgruppe
colega *m/f* Kollege/-in
colegio Schule
colesterol *m* Cholesterin
colgar *(ue)* *(Telefon)* auflegen
collar *m* Kette
colmo Gipfel
colocar stellen, legen
Colombia Kolumbien
colombiano/-a kolumbianisch; Kolumbianer/in
colonia Kolonie
Colonia Köln
colonial im Kolonialstil
colonización *f* Besiedlung
color *m* Farbe
colorado/-a farbig, bunt; *(Gesicht)* rot
columna Säule
coma Komma
combatir bekämpfen
combinación *f* Kombination
combinar kombinieren
combustible *m* Kraftstoff
comedia Komödie
comedor *m* Speisesaal, (Schul-)Kantine, Esszimmer
comentar kommentieren
comentario Kommentar
comenzar *(ie)* anfangen
comer essen
comercial Handels-
comerciante *m/f* Händler/in
comerciar Handel treiben, handeln
comercio Handel
comercio justo fairer Handel
comerse aufessen, verschlingen
comerse la tarjeta die Karte einziehen
cometer begehen, verüben
cometer errores Fehler machen
comida Mahlzeit; (Mittag-)Essen
comida basura Fastfood
comienzo Anfang
comisaría Polizeirevier
comisario/-a Kommissar/in
comisión *f* Provision; Ausschuss
comité *m* **de empresa** Betriebsrat
como wie
¡Cómo...! Wie ...!
¿Cómo? Wie? Wie bitte?
como mínimo mindestens, wenigstens
¡Cómo no! Natürlich! Selbstverständlich!
como si (so) als ob
comodidad *f* Annehmlichkeit
comodidades *f* Komfort
cómodo/-a bequem
compañero/-a Klassenkamerad/in, Kollege/-in
compañero/-a de piso Mitbewohner/in
compañía Begleitung; Gesellschaft
compañía aérea Fluggesellschaft
compañía constructora Bauunternehmen
compañía de seguros Versicherungsgesellschaft
comparable vergleichbar
comparación *f* Vergleich
comparar vergleichen
compartir teilen, sich beteiligen an
compensar kompensieren, ausgleichen

compensación *f* Kompensierung, Ausgleich
competencia Konkurrenz; Wettbewerb
competición *f* Wettbewerb
competir *(i)* im Wettbewerb stehen, wetteifern
competitivo/-a konkurrenzfähig
complacer *(zc)* freuen, gefallen
complejo Komplex
complejo/-a komplex, vielschichtig
complemento Ergänzung
completar ergänzen, vervollständigen
completo/-a komplett, vollständig; ausgebucht
complicación *f* Komplikation, Schwierigkeit
complicado/-a kompliziert
complicar komplizieren, erschweren
componer *(vgl. poner)* komponieren
comportamiento Verhalten
comportarse sich verhalten
composición *f* Komposition
compost *m* Kompost
compra Einkauf
comprador/a Käufer/in
comprar (ein)kaufen
comprender verstehen
comprensible verständlich
comprensión *f* Verständnis
comprensión *f* **auditiva** Hörverstehen
comprensión *f* **lectora** Leseverstehen
comprobante *m* Bescheinigung, Beleg
comprobar *(ue)* überprüfen; feststellen; beweisen
comprometer verwickeln
comprometerse (a) sich verpflichten (zu)
compromiso Verabredung, Termin
compuesto/-a zusammengesetzt
computador/a *(LA)* Computer
común gemeinsam
comunicación *f* Kommunikation, Verständigung
comunicar sich verständigen; mitteilen; *(Telefon)* verbinden
comunicarse (con) miteinander sprechen; sich in Verbindung setzen (mit)
comunicativo/-a gesprächig
comunidad *f* Gemeinschaft
Comunidad *f* **Autónoma** autonome Region (Spaniens)
Comunidad *f* **de Madrid** Region Madrid
comunismo Kommunismus
comunista kommunistisch; Kommunist/in
con mit
con antelación im Voraus, vorher
con destino a nach
con detalle detailreich
con especialidad en mit Spezialisierung auf
con fecha máxima de spätestens …
con frecuencia häufig
con mucho gusto sehr gerne
con referencia a in Bezug auf
con respecto a in Bezug auf
con tiempo frühzeitig
(con) un año de antigüedad ein Jahr alt
conceder zugestehen
concentración *f* Konzentration
concentrarse sich konzentrieren
concepto Vorstellung, Begriff
concertar *(ie)* **una cita** einen Termin vereinbaren

concesión *f* Bewilligung; Konzession
concha Muschel
conciencia Bewusstsein
concierto Konzert
conclusión *f* (Ab-)Schluss, Schlussfolgerung
concordancia Übereinstimmung
concordar *(ue)* **con** übereinstimmen mit
concreto/-a konkret
concurso Wettbewerb; Quizsendung
condición *f* Bedingung
condicional *m* Bedingungsform
condiciones *f* **de entrega** Lieferbedingungen
condiciones *f* **de pago** Zahlungsbedingungen
cóndor *m* Kondor
conducir *(zc)* ein Fahrzeug lenken
conductor/a (Auto-)Fahrer/in
conectar verbinden; anschließen; einschalten
conector *m* Konnektor, Verbindungswort
conejo Kaninchen
conexión *f* Verbindung
confección *f* Konfektion
confederación *f* **de empresarios** Arbeitgeberverband
conferencia Konferenz; Vortrag
confesar *(ie)* gestehen
confianza Vertrauen
confiar *(í)* **en** vertrauen auf
confidencial vertraulich
confirmación *f* Bestätigung
confirmación *f* **de pedido** Auftragsbestätigung
confirmar bestätigen
conflicto Konflikt
conforme übereinstimmend; zufrieden
conforme a gemäß …
confort *m* Komfort
confortable bequem
confundir verwechseln
confundirse sich täuschen, sich irren
confusión *f* Verwechslung; Verwirrung
congelado/-a tiefgekühlt
congreso Kongress
conjugación *f* Konjugation
conjugar konjugieren
conjunción *f* Konjunktion
conjunto Einheit, Ensemble
conmemoración *f* Gedenken, Gedenkfeier
conmigo mit mir
conocer *(zc)* kennen; kennen lernen
conocido/-a bekannt; Bekannte/r
conocimiento Kenntnis
conocimiento de embarque Konnossement, Seefrachtbrief
conquistador/a Eroberer/-in
conquistar erobern
consecuencia Konsequenz, Folge
consecuente konsequent
conseguir *(i)* erhalten; erreichen; schaffen
consejo Ratschlag
conserva Konserve
conservación *f* Konservierung
conservación *f* **de las especies** Artenschutz
conservado/-a erhalten
conservador/a konservativ
conservar (auf)bewahren, erhalten, beibehalten
conservarse sich halten, erhalten bleiben
considerable beachtlich, beträchtlich
considerar betrachten, halten für
consigna Gepäckaufbewahrung
consigo mit sich, bei sich

consistir en darin bestehen
constante gleichbleibend
constantemente ständig
constar (de) feststehen; bestehen (aus)
constipado Erkältung
constipado/-a erkältet
constitución *f* Verfassung
constituir *(y)* bilden, darstellen
construcción *f* Konstruktion, Bau
construcción *f* **modal** Modalkonstruktion
construir *(y)* (er)bauen
consulado Konsulat
consulta Beratung
consulta del médico Arztpraxis
consultar zu Rate ziehen; nachschlagen
consultorio Beratungsstelle
consumidor/a Konsument/in
consumir verbrauchen; essen
consumismo (übertriebenes) Konsumverhalten
consumista auf Konsum ausgerichtet
consumo Konsum
consumo de energía Energieverbrauch
contactar kontaktieren
contacto Kontakt
contaminación *f* (Umwelt-)Verschmutzung
contaminado/-a verschmutzt; vergiftet
contaminante umweltverschmutzend
contaminar verschmutzen, verseuchen
contar *(ue)* erzählen
contar *(ue)* **con** rechnen mit
contemporáneo/-a zeitgenössisch
contener *(vgl. tener)* enthalten, beinhalten
contenido Inhalt
contento/-a zufrieden
contestación *f* Antwort
contestador *m* **automático** Anrufbeantworter
contestar (be)antworten
contexto Kontext, Zusammenhang
contigo mit dir
continente *m* Kontinent
continuación *f* Fortsetzung, Fortdauer
continuamente ständig
continuar *(ú)* fortfahren, weitergehen
continuar *(ú) + Gerundium* weiterhin etwas tun
continuidad *f* Fortsetzung
continuo/-a ununterbrochen
contra gegen
contra reembolso per Nachnahme
contraponer *(vgl. poner)* gegenüberstellen
contrario Gegenteil
contrastar gegenüberstellen
contraste *m* Gegensatz
contratación *f* Einstellung
contratar an-, einstellen, beauftragen, engagieren
contrato Vertrag
contrato de entrega Liefervertrag
contribución *f* Beitrag
contribuir *(y)* **a** beitragen zu
control *m* Kontrolle
control *m* **de la natalidad** Geburtenkontrolle
control *m* **de seguridad** Sicherheitskontrolle
controlar kontrollieren, überwachen
convencer überzeugen
convencido/-a überzeugt
conveniente angemessen; nützlich

convenientemente ordnungsgemäß
convenir *(vgl. venir)* passen; zusagen
conversación *f* Gespräch
conversar (con) sich unterhalten (mit)
convertir *(ie)* ver-, umwandeln
convertirse *(ie)* **en** sich verwandeln in, werden
convincente überzeugend
convivencia Zusammenleben
convivir zusammenleben
cooperación *f* Kooperation
cooperativa Genossenschaft
cooperativo/-a kooperativ
coordinador/a Koordinator/in
copa (Stiel-)Glas
copia Kopie
copiar kopieren
corazón *m* Herz
corbata Krawatte
cordero Lamm
cordial(mente) herzlich
cordialidad *f* Herzlichkeit
cordillera Gebirgskette
coro Chor
corona Krone
Corpus Christi Fronleichnam
correcto/-a richtig, korrekt
corregir *(i)* korrigieren
correo (Brief-)Post
correo electrónico E-Mail
correo urgente Eilpost
Correos *m* Post(amt)
correr laufen, rennen
correr a cargo de zu Lasten von … gehen
correspondencia comercial Handelskorrespondenz
corresponder entsprechen
correspondiente entsprechend
corrido *mexikanische Musikgattung*
corriente fließend; üblich
corriente *f* Strom, Strömung
cortado Espresso mit Milch
cortar schneiden
corte *m* **de luz** Stromausfall
cortés höflich
cortina Vorhang, Gardine
corto/-a kurz
cosa Ding, Sache
cosecha Ernte
cosita Kleinigkeit
cosmética Kosmetik
cosmopolita kosmopolitisch
costa Küste
costalero/-a *Träger/in einer Heiligenfigur*
costar *(ue)* kosten; schwer fallen
costar *(ue)* **trabajo** schwer fallen
costarricense aus Costa Rica; Costa-Ricaner/in
coste *m* Kosten
costumbre *f* Gewohnheit, Brauch
cotidiano/-a täglich, alltäglich
cráter *m* Krater
crear schaffen, gründen
creativo/-a kreativ
crecer *(zc)* wachsen
creciente wachsend
crecimiento Wachstum
crédito Kredit
creencia Glaube
creer glauben
creerse glauben; sich halten für
crema Creme
cremoso/-a cremig
cretino/-a Trottel
creyente gläubig; Gläubige/r
criadero de peces Fischzucht
crimen *m* Verbrechen
criminal kriminell; Kriminelle/r
criminalidad *f* Kriminalität
crisis *f* Krise
cristal *m* Kristall, Glas
cristiano/-a christlich; Christ/in

Cristo Christus
Cristóbal Colón Christoph Kolumbus
criterio Kriterium
criticar kritisieren
crítico/-a kritisch; Kritiker/in
croasán *m* Croissant
crónica Chronik
cronológico/-a chronologisch
croqueta Krokette
cruce *m* Kreuzung
crucero Kreuzer; Kreuzfahrt
crucigrama *m* Kreuzworträtsel
crudo/-a roh
cruel grausam
crueldad *f* Grausamkeit
cruz *f* Kreuz; *(Münze)* „Zahl"
cruzar überqueren
cuadrado Quadrat
cuadrado/-a quadratisch
cuadrícula Karierung
cuadro Gemälde; Tabelle
¿Cuál(es)? Welche/r/s?
cualidad *f* Eigenschaft, Fähigkeit; Qualität
cualquier/a irgendein/e/r/s
cuando als, wenn
cuando + *subj* wenn, sobald
¿Cuándo? Wann?
¿Cuántas veces? Wie oft?
¡Cuánto...! Wie sehr ...!
¿Cuánto/-a/-os/-as? Wie viel/e?
cuanto antes so schnell wie möglich
¿Cuánto cuesta? Wie viel kostet es?
¿Cuánto es? Wie viel macht das?
¿Cuánto tiempo? Wie lange?
cuarenta vierzig
cuarta parte *f* Viertel
cuarto Viertel; viertel Kilo; 4. Stock; *(LA)* Zimmer
cuatro vier
cuatrocientos/-as vierhundert
Cuba Kuba
cubano/-a kubanisch; Kubaner/in
cubierto/-a bedeckt
cubo (de basura) (Müll-)Eimer
cubrir abdecken
cuchara Löffel
cucharada *(Portion)* (Ess-)Löffel
cucharilla Kaffee-, Teelöffel
cuchillo Messer
cuenta Rechnung
cuenta corriente Girokonto
cuento Märchen
cuero Leder
cuerpo Körper
cuerpo de la presentación Hauptteil der Präsentation
cuestión *f* Frage, Problem
cuestionario Fragebogen
cueva Höhle
cuidado Vorsicht; Betreuung
cuidar pflegen, versorgen
culpa Schuld
culpable schuldig
cultivar anbauen
culto Kult
cultura Kultur
cultural kulturell, Kultur-
cumbia *kolumbianischer Tanz*
cumpleaños *m* Geburtstag
cumplir (con) erfüllen, einhalten
cumplir... años ... Jahre alt werden
cuota Quote
cura *m* Pfarrer, Priester
curandero/-a Heiler/in
curar heilen
curarse genesen, gesund werden
curativo/-a heilend, Heil-
curiosamente erstaunlicherweise
curiosidad *f* Neugier(de)
curioso/-a neugierig
currículum *m* **vitae** Lebenslauf
curro *(fam)* Arbeit, Maloche
cursillo Lehrgang

cursiva Kursivschrift
curso Kurs
curso de formación Fortbildung(skurs)
curso escolar Schuljahr
cursor *m* Mauszeiger
curva Kurve
cuyo/-a deren / dessen

D

D.N.I. (= documento nacional de identidad) *m* Personalausweis
dado Würfel
dama Dame
dañar beschädigen
danés/-esa dänisch; Däne/-in
daño Schaden
dar geben
dar a conocer bekannt machen
dar a la calle zur Straße liegen
dar a luz gebären
dar alergia eine Allergie auslösen
dar asco anekeln
dar clases Unterricht geben
dar el pésame Beileid aussprechen
dar igual egal sein
dar importancia für wichtig erachten
dar la espalda den Rücken zukehren
dar las… … Uhr schlagen
dar las gracias sich bedanken
dar lo mismo egal sein
dar miedo Angst machen
dar pena leidtun
dar risa zum Lachen bringen
dar su opinión seine Meinung äußern
dar un paseo einen Spaziergang machen
darse cuenta (de) (be)merken
dativo Dativ
dato Angabe
datos Daten, Angaben
datos personales Personalien
de von, aus
de acuerdo einverstanden
de acuerdo con gemäß …
de ahí daher
de antemano im Voraus
de buen humor guter Laune
de color bunt, farbig
de compras beim Einkaufen
de (mucha) confianza vertrauensvoll, vertraut
¿De dónde? Woher? Von wo?
de esta forma auf diese Weise
de esta manera auf diese Weise
de lo contrario andernfalls
de manera que so dass
de maravilla wunderbar
de modo que so dass; also
de momento im Augenblick
de nada nichts zu danken
de ningún modo auf keinen Fall
de ninguna manera keinesfalls
de noche nachts
de nuevo erneut, wieder
de otra forma anders; andernfalls
de otra manera anders
¿De parte de quién? Wer ist am Apparat?
de pie im Stehen
de primera mano aus erster Hand
de prisa schnell
de pronto plötzlich
¿De qué color? In welcher Farbe?
de repente plötzlich
de segunda mano gebraucht, aus zweiter Hand
de tal manera so, derart
de todas formas jedenfalls
de todas maneras jedenfalls
de todos modos jedenfalls
de veras wirklich
¿De verdad? Wirklich?
de vez en cuando ab und zu

de viaje auf Reisen
debajo unten, unterhalb
debajo de unter
debate *m* Gespräch, Debatte
deber müssen, sollen; schulden
deberes *m* Hausaufgaben
deberse a zurückzuführen sein auf
debidamente ordnungsgemäß
debido a (que) wegen, aufgrund von; da, weil
débil schwach
debilidad *f* Schwäche
debutar debütieren
década Jahrzehnt
decepción *f* Enttäuschung
decepcionar enttäuschen
decidir beschließen, entscheiden
decidirse (por) sich entscheiden (für)
décimo/-a zehnte/r/s
décimo aniversario 10-jähriges Jubiläum
decir *(yo digo, i)* sagen
decisión *f* Entscheidung
declaración *f* Erklärung, Aussage
declarar erklären (zu)
decoración *f* Dekoration; Einrichtung; Schmuck
decorado/-a geschmückt
decorar schmücken
decorativo/-a dekorativ
dedicación *f* Widmung; Beschäftigung
dedicar widmen
dedicarse a sich … widmen; beruflich tun
dedo Finger
dedo del pie Zehe
deducir *(zc)* ab-, herleiten
defecto Defekt, Fehler
defender *(ie)* verteidigen
defenderse *(ie)* sich verteidigen
defensas Abwehrkräfte
definición *f* Definition
definido/-a bestimmt
definir definieren
definitivo/-a definitiv, endgültig
dehesa Weide, Koppel
dejar (über)lassen; ver-, hinterlassen
dejar caer fallen lassen
dejar de + *inf* aufhören zu
dejar que + *subj* zulassen, dass
del presente (mes) dieses Monats
delante davor, vorne
delante de vor
DELE (= Diploma de Español como Lengua Extranjera) *m* *Zertifikat Spanisch als Fremdsprache des Instituto Cervantes*
delegación *f* Entsendung, Abordnung
deletrear buchstabieren
delfín *m* Delphin
delgado/-a schlank
delicioso/-a köstlich
delincuencia juvenil Jugendkriminalität
demanda Nachfrage, Bedarf
demás übrige/r/s, weitere/r/s
demasiado zuviel, zu …
demasiado/-a zuviel
democracia Demokratie
democrático/-a demokratisch
democratización *f* Demokratisierung
demonio Dämon, Teufel
demora de entrega Lieferverzug
demostrar *(ue)* beweisen, zeigen
demostrativo Demonstrativpronomen
dentista *m/f* Zahnarzt/-ärztin
dentro darin
dentro de innerhalb von
departamento Abteilung; Bezirk
departamento de Asuntos Extranjeros Ausländerbehörde

departamento de contabilidad Rechnungswesen
departamento de informática EDV-Abteilung
departamento de márketing Marketingabteilung
departamento de recursos humanos Personalabteilung
departamento de ventas Verkaufsabteilung
departamento jurídico Rechtsabteilung
depende es kommt darauf an
dependencia Abhängigkeit
depender de abhängen von
deporte *m* Sport
deporte *m* **acuático** Wassersport
deportista *m/f* Sportler/in
deportivo/-a sportlich
depositar deponieren
depositar confianza en Vertrauen setzen in
depósito Lager; Tank
depresión *f* Depression
derecho Recht
derecho/-a rechte/r/s
derecho al voto Wahlrecht
derechos humanos Menschenrechte
derrochar verschwenden
derroche *m* **de energía** Energieverschwendung
desacuerdo Meinungsverschiedenheit
desaforado/-a gewaltig
desagradable unangenehm
desahuciar für nicht heilbar erklären
desamor *m* Lieblosigkeit, Abneigung
desaparecer *(zc)* verschwinden
desaparición *f* Verschwinden
desarrollado/-a (hoch)entwickelt
desarrollar(se) (sich) entwickeln
desarrollo Entwicklung
desastre *m* Katastrophe
desatender *(ie)* außer Acht lassen
desayunar frühstücken
desayuno Frühstück
descalzo/-a barfuß
descansar ruhen, sich ausruhen, sich erholen
descanso Erholung, Pause
descifrar dechiffrieren, entschlüsseln
desconectado/-a nicht angeschlossen
desconocer *(zc)* nicht kennen
desconocido/-a unbekannt; Unbekannte/r
desconocimiento Unkenntnis, Unwissenheit
descontento/-a unzufrieden, verärgert
describir beschreiben
descripción *f* Beschreibung
descubrir entdecken
descuento Nachlass, Ermäßigung
desde ab, von, seit
desde el principio von Anfang an
desde entonces seitdem
desde hace seit
desde luego selbstverständlich
desde pequeño/-a von klein auf
desde que seit(dem)
desear wünschen
desembalar auspacken
desempeñar ausüben; ausführen
desempleado/-a arbeitslos; Arbeitslose/r
desempleo Arbeitslosigkeit
deseo Wunsch
desesperado/-a verzweifelt, hoffnungslos
desfile *m* Umzug
desfile *m* **de moda** Modenschau
desgracia Pech, Unglück
desgraciadamente leider

desierto Wüste
desigual ungleich, verschieden
desigualdad *f* Ungleichheit, Verschiedenheit
desilusionado/-a enttäuscht, ernüchtert
desordenado/-a durcheinander
despacio langsam
despedida Abschied
despedir *(i)* verabschieden; entlassen
despedirse *(i)* sich verabschieden
desperfecto Schaden, Beschädigung
despertador *m* Wecker
despertar *(ie)* wecken
despistado/-a zerstreut
desplazarse sich bewegen; umziehen
después danach
después de nach; nachdem
destacado/-a herausragend
destacamento (de policía) Polizeieinheit
destacar herausragen
destinar a bestimmen für
destinatario/-a Empfänger/in, Adressat/in
destino Schicksal; Ziel, Bestimmung(sort)
destruido/-a zerstört
destruir *(y)* zerstören
desventaja Nachteil
desvergonzado/-a schamlos
desvirtuar *(ú)* verfälschen
detalladamente detailliert
detallado/-a ausführlich, detailliert
detallar einzeln aufführen
detalle *m* Einzelheit
detención *f* Verhaftung
detener *(vgl. tener)* auf-, anhalten; verhaften
detergente *m* Reinigungsmittel, Waschmittel
deterioro Verschlechterung, Beschädigung
determinado/-a bestimmte/r/s
determinar bestimmen
detrás dahinter
detrás de hinter
deuda Schuld(en)
devoción *f* Frömmigkeit
devolución *f* Rückgabe
devolver *(ue) (vgl. volver)* ab-, zurückgeben
día *m* Tag
día a día tagtäglich
Día *m* **de los Muertos** Allerseelen
día *m* **de los Santos Inocentes** *Fest der unschuldigen Kinder am 28. Dezember*
Día *m* **del Trabajo** Tag der Arbeit
día *m* **festivo** Feiertag
dialecto Dialekt
diálogo Dialog
diámetro Durchmesser
diariamente täglich
diario Tagebuch
diario/-a täglich
diarrea Durchfall
dibujar zeichnen
dibujo Zeichnung
diccionario Wörterbuch
dicho *m* Sprichwort
diciembre *m* Dezember
dictado Diktat
dictadura (militar) (Militär-) Diktatur
dictar diktieren
diecinueve neunzehn
dieciocho achtzehn
dieciséis sechzehn
diecisiete siebzehn
diente *m* Zahn
diente *m* **de ajo** Knoblauchzehe

diéresis *f* Trema *(Pünktchen auf Vokal)*
dieta Diät; Ernährung
diez zehn
diferencia (Meinungs-)Verschiedenheit; Unterschied
diferenciarse (de) sich unterscheiden (von)
diferente anders, verschieden
difícil schwierig
dificultad *f* Schwierigkeit
dificultar erschweren
¿Diga? *(decir) (Telefon)* Hallo?
¿Dígame? *(decir) (Telefon)* Hallo?
dimensión *f* Dimension
Dinamarca Dänemark
dinámico/-a dynamisch
dinero Geld
dios/a Gott / Göttin
¡Dios mío! Mein Gott!
diploma *m* Diplom
dirección *f* Adresse; Richtung; Leitung; Regie
dirección *f* **electrónica** E-Mail-Adresse
dirección *f* **general** Generaldirektion
directamente direkt
directo/-a direkt
director/a Leiter/in, Direktor/in
director/a de cine (Film-)Regisseur/in
director/a de orquesta Dirigent/in
director/a general Generaldirektor/in
dirigir leiten
dirigirse a sich wenden an
discapacitado/-a behindert; Behinderte/r
discípulo Jünger
disco Scheibe; Schallplatte
disco compacto (CD) Compact disc (CD)
disco duro Festplatte
discoteca Diskothek
discriminación *f* Diskriminierung
disculpa Entschuldigung
disculpar entschuldigen
disculparse sich entschuldigen
discurso Gespräch, Rede
discusión *f* Diskussion, Gespräch
discutir diskutieren; streiten
diseñador/a Designer/in, Zeichner/in
diseñar entwerfen
diseño Design, Gestaltung
disfraz *m* Verkleidung
disfrazarse sich verkleiden
disfrutar (de) genießen
disminuir *(y)* abnehmen, zurückgehen
disparar schießen, abdrücken
disparate *m* Unsinn; Übermaß
dispersión *f* Zerstreuung
disperso/-a zerstreut
disponer de *(vgl. poner)* verfügen über
disponible verfügbar, lieferbar
disposición *f* Verfügung
dispuesto/-a (a) bereit (zu)
disquete *m* Diskette
distancia Entfernung
distinguido/-a verehrte/r
distinguir unterscheiden
distinto/-a verschieden
distribución *f* Verteilung
distribuidor *m* Auslieferer, Vertriebspartner
distribuir *(y)* verteilen
diversidad *f* Vielfalt
diversión *f* Vergnügen, Unterhaltung
diversos/-as verschiedene, mehrere
divertido/-a lustig, unterhaltsam
divertir *(ie)* unterhalten, ablenken
divertirse *(ie)* sich amüsieren

dividir teilen
dividirse sich aufteilen
divisas Devisen
divorciado/-a geschieden
divorciarse sich scheiden lassen
divorcio Scheidung
doblar verdoppeln; (ab)biegen
doble doppelt
doble *m* (das) Doppelte
doble jornada Doppelbelastung
doce zwölf
docena Dutzend
docente *m/f* Dozent/in, Lehrer/in
doctor/a Doktor/in
doctrina Doktrin, Lehre
documento Dokument; Datei
documento (nacional) de identidad Personalausweis
documentos de embarque Versanddokumente
dólar *m* Dollar
doler *(ue)* wehtun
dolor *m* Schmerz
domiciliación *f* Dauerauftrag
domiciliar einen Dauerauftrag einrichten
domicilio Wohnort
dominar beherrschen
domingo Sonntag
Domingo de Gloria Ostersonntag
Domingo de Pascua Ostersonntag
dominicano/-a dominikanisch; Dominikaner/in
dominio Beherrschung
don / doña *(vor Vornamen)* Herr / Frau
donación *f* Spende
donar spenden, stiften
donde wo
¿Dónde? Wo?
dormir *(ue)* schlafen
dormir *(ue)* **la siesta** Mittagsschlaf halten
dormirse *(ue)* einschlafen
dormitorio Schlafzimmer
dos zwei
doscientos/-as zweihundert
dotar de / con ausstatten mit
drama *m* Drama
dramático/-a dramatisch
drástico/-a drastisch
Dresde Dresden
droga Droge
drogadicto/-a drogenabhängig; Drogenabhängige/r
drogarse Drogen nehmen
ducha Dusche
ducharse sich duschen
duda Zweifel
dudar bezweifeln; zögern
dueño/-a Besitzer/in
dulce süß; sanft
dulce *m* Süßigkeit
duna *f* Düne
dúo Duo
duración *f* Dauer
duradero/-a dauerhaft
durante während
durar dauern
durazno *(LA)* Pfirsich
durísimo/-a sehr hart
duro/-a hart

E

e *(vor i-, hi-)* und
echar hineintun; einschenken
ecología Ökologie
ecológico/-a ökologisch
ecologista Umweltschutz-; Umweltschützer/in
economía Wirtschaft
económico/-a wirtschaftlich
economista *m/f* Volkswirt/in
Ecuador Ecuador
ecuatoriano/-a aus Ecuador; Ecuadorianer/in

edad *f* Alter
edad *f* **media** Durchschnittsalter
Edad *f* **Media** Mittelalter
edición *f* Ausgabe
edificio Gebäude
editorial *f* Verlag
educación *f* Erziehung
educación *f* **de adultos** Erwachsenenbildung
educación *f* **infantil** Vorschule
educación *f* **preescolar** frühkindliche Erziehung
educación *f* **primaria** Grundschule
educación *f* **universitaria** Hochschulbildung
educar erziehen
efectivamente wirklich, tatsächlich
efectivo Bargeld
efectivo/-a wirksam
efecto Effekt, Wirkung
efecto invernadero Treibhauseffekt
efectuar *(ú)* ausführen, tätigen
efectuar *(ú)* **una visita** einen Besuch abstatten
eficacia Effizienz, Wirksamkeit, Wirkung
eficaz wirksam
eficiente wirksam, effizient
egipcio/-a ägyptisch; Ägypter/in
Egipto Ägypten
egocéntrico/-a egozentrisch
egoísta egoistisch
ejecutar ausführen
ejecutivo/-a Manager/in, Führungskraft
ejemplar *m* Exemplar
ejemplo Beispiel
ejercer ausüben
ejercicio Übung
ejercicios de respiración Atemübungen
ejército Heer, Armee
el / la der / die / das
él / ella er / sie
el otro día neulich
El Salvador El Salvador
elaboración *f* Verarbeitung
elaborar ausarbeiten, anfertigen
elecciones *f* Wahlen
electricidad *f* Strom
electricista *m/f* Elektriker/in
eléctrico/-a elektrisch
electrodoméstico (Elektro-)Haushaltsgerät
electrónico/-a elektronisch
elefante *m* Elefant
elegante elegant
elegir *(i)* auswählen
elemental grundlegend, elementar
elemento Element
elemento de trabajo Arbeitsmittel
eliminación *f* Vernichtung, Beseitigung
eliminador *m* Vernichter, Beseitiger
eliminar vernichten, beseitigen
ello es
ellos / ellas sie
embajada Botschaft
embajador/a Botschafter/in
embalaje *m* Verpackung
embalar verpacken
embargo staatliches Ausfuhrverbot
embarque *m* An-Bord-Gehen
emigración *f* Auswanderung
emigrante *m/f* Emigrant/in
emigrar auswandern
emilio *(fam)* E-Mail
emisión *f* Emission; Ausstrahlung
emisora de radio Radiosender
emoción *f* Emotion, Rührung
emocional emotional
emoticono Emoticon *(z. B. :-X)*

empanada gefüllte Teigpastete
empaquetar verpacken
empezar *(ie)* beginnen
empezar *(ie)* **a** + *inf* anfangen zu
empleado/-a Angestellte/r
empleado/-a administrativo/-a Verwaltungsangestellte/r
emplear einstellen, beschäftigen
empleo Stelle, Beschäftigung
empleo a jornada completa Vollzeitstelle
emprendedor/a unternehmungslustig, aktiv
empresa Unternehmen, Firma
empresa de automóviles Automobilunternehmen
empresa transportista Transportunternehmen
empresario/-a Unternehmer/in
empujar schieben; drängeln
en in
en absoluto überhaupt (nicht)
en aquella época in jener Zeit, damals
en breve in Kürze
en busca de auf der Suche nach
en cambio hingegen
en casa (de) zu Hause; bei
en caso contrario andernfalls
en caso de que + *subj* falls
en común gemeinsam
en conclusión kurz und gut, schließlich
en concreto konkret
en contra (de) (da-, ent)gegen
en cualquier caso in jedem Fall
en cuanto sobald
en cuanto a was … angeht
en defensa de zur Verteidigung von, zum Schutz von
en dirección a in Richtung …
en efectivo bar
en efecto tatsächlich
en el caso de que + *subj* falls
en el fondo im Grunde
en esa época damals
en especial insbesondere
en espera de in Erwartung …
en espera de sus noticias in Erwartung Ihrer Antwort
en favor de zugunsten, für
en fin kurz und gut
en firme fest, verbindlich
en general im Allgemeinen
en gran manera in hohem Maße
en honor de zu Ehren von
en línea online
en lo sucesivo in Zukunft, künftig
en lugar de anstelle von
en malas condiciones verdorben, beschädigt
en medio (de) (da)zwischen
en negrita in Fettschrift
en ningún caso auf keinen Fall
en parejas zu zweit
en parte zum Teil
en persona persönlich
en plan de… als …
en posesión de im Besitz von
en primer lugar erstens
en punto genau; pünktlich; Punkt … Uhr
en realidad in Wirklichkeit, eigentlich
en referencia a in Bezug auf
en relación a bezüglich
en representación de im Namen von
en resumen zusammenfassend; kurz und gut
en segundo lugar zweitens
¿En serio? Im Ernst?
en todas partes überall
en todo caso in jedem Fall
en total insgesamt
en vez de anstatt
en vigor gültig

en voz alta laut
en voz baja leise
enamorado/-a (de) verliebt (in); Verliebte/r
enamorarse (de) sich verlieben (in)
enanito Zwerg(lein)
encabezamiento Anrede
encantado/-a sehr erfreut
encantar begeistern
encargado/-a beauftragt; Beauftragte/r, Zuständige/r; Leiter/in
encargar beauftragen; übertragen
encargarse (de) sich kümmern (um)
encender *(ie)* anzünden, einschalten
encerrar *(ie)* einschließen
enchufe *m* Stecker, Steckdose
enciclopedia Enzyklopädie, Lexikon
encima oben(drauf)
encima de auf, über
encontrar *(ue)* treffen; finden
encontrarse *(ue)* sich (zufällig) treffen; sich befinden
encuentro Begegnung
encuesta Umfrage
enemigo/-a Feind/in
energía Energie
energía eólica Windenergie
energía solar Sonnenenergie
enérgico/-a energisch
enero Januar
enfadado/-a böse, verärgert
enfadarse böse werden, sich ärgern
énfasis *m* Nachdruck, Eindringlichkeit
enfermedad *f* Krankheit
enfermería Krankenpflege, Krankenstation
enfermero/-a Krankenpfleger/-schwester
enfermo/-a krank; Kranke/r
enfrentarse (con) zusammenstoßen (mit)
enfrente (de) gegenüber (von)
enfriar *(í)* abkühlen
enganchado/-a gefangen; süchtig
enganchar verwickeln
engañar täuschen; (be)trügen
engaño Täuschung; Betrug; List
engordar dick werden, zunehmen
engreído/-a eingebildet
enhorabuena Glückwunsch
¡Enhorabuena! Herzlichen Glückwunsch!
enlace *m* Verbindung; Vermählung; Link
enloquecido/-a verrückt
enorme enorm, riesig
enriquecer *(zc)* an-, bereichern
enriquecimiento Bereicherung
enrojecer *(zc)* rot werden
ensalada (mixta) (gemischter) Salat
ensanche *m* Erweiterung
ensayo Essay
enseguida gleich, sofort
enseñanza Unterricht
enseñanza primaria Grundschule
enseñanza secundaria weiterführende Schule, Sekundarstufe
enseñanza universitaria Universitätsausbildung, Studium
enseñar zeigen
entablar amistad Freundschaft schließen
entender *(ie)* verstehen
entenderse *(ie)* sich verstehen
entendimiento Verstand, Auffassungsgabe; Verständigung
enterarse (de) erfahren
entero/-a ganz, vollständig

enterrar *(ie)* be-, vergraben; beerdigen
entierro Beerdigung
entonación *f* Intonation, Tonfall
entonces dann; damals
entrada Eingang; Eintrittskarte; Vorspeise
entrar hineingehen
entrar en contacto in Verbindung treten, Kontakt aufnehmen
entre zwischen
entre ellos unter sich
entrega Übergabe; Lieferung
entregar übergeben, überreichen; liefern
entrenar trainieren
entretanto inzwischen
entretener *(vgl. tener)* unterhalten
entretenido/-a unterhaltsam
entrevista Interview
entrevista de trabajo Vorstellungsgespräch
entrevistador/a Interviewer/in
entrevistar interviewen, befragen
entrevistarse (con) sich treffen (mit); zu einem Vorstellungsgespräch kommen
entusiasmo Begeisterung
entusiasta begeistert
envase *m* Verpackung; Behälter
envejecer *(zc)* altern
enviar *(í)* schicken
envidia Neid
envío Sendung
envolver *(ue)* einpacken, einwickeln
episodio Episode, Teil
época Epoche, Zeit
época seca Trockenzeit, -periode
equilibrado/-a ausgeglichen, ausgewogen
equilibrio Gleichgewicht
equipaje *m* Gepäck
equipaje *m* **de mano** Handgepäck
equipamiento Ausrüstung, Ausstattung
equipar ausstatten
equipo Team, Mannschaft; Ausrüstung
equivalente gleichbedeutend
equivaler *(vgl. salir)* entsprechen
equivocado/-a falsch; irrtümlich
equivocarse sich irren
Érase una vez… Es war einmal …
eremita *m/f* Einsiedler/in
erróneo/-a falsch
error *m* Fehler
es cierto que es ist wahr / es stimmt, dass
es decir das heißt
es la una y media es ist halb zwei
es que… denn …
¿Es todo? Ist das alles?
es una pena que + *subj* es ist schade, dass
es verdad es stimmt
escala Zwischenlandung
escalera Treppe
escándalo Skandal
escapar (de) entgehen, entkommen
escaparate *m* Schaufenster
escaparse entkommen
escasez *f* Knappheit, Mangel
escasez *f* **de agua** Wasserknappheit
escaso/-a spärlich, knapp
escena Szene
escenario Bühne, Schauplatz
escéptico/-a skeptisch
esclavo/-a Sklave/-in
escoba Besen
Escocia Schottland
escoger (aus)wählen
escolar Schul-
esconder verstecken
escorpión *m* Skorpion

escribir schreiben
escrito/-a geschrieben, schriftlich
escritor/a Schriftsteller/in
escritorio Schreibtisch
escritura Schreiben; Schrift
escuchar hören
escuela Schule
escuela primaria Grundschule
escuela pública staatliche Schule
escuela secundaria weiterführende Schule
escultor/a Bildhauer/in
escultura Skulptur
ese / esa diese/r/s (da)
ese mismo día (noch) am selben Tag
esencial wesentlich
esforzarse *(ue)* sich anstrengen, sich bemühen
esfuerzo Anstrengung
eslogan *m* Slogan
eso das
ESO (= Educación Secundaria Obligatoria) *f* obligatorische Sekundarstufe
espacio Raum
espacio verde Grünfläche
espaguetis *m* Spaghetti
espalda Rücken
España Spanien
español *m* Spanisch
español *m* **de negocios** Wirtschaftsspanisch
español/a spanisch; Spanier/in
espárragos *m* Spargel
especial besondere/r/s
especialidad *f* Spezialität; Fachgebiet
especialista *m/f* Spezialist/in
especializado/-a spezialisiert
especializarse (en) sich spezialisieren (auf)
especialmente besonders
especie *f* Art, Spezies
especificar (genau) angeben
espectacular Aufsehen erregend
espectáculo Vorstellung, Aufführung
espectador/a Zuschauer/in
espejo Spiegel
espera Warten, Erwartung
esperanza Hoffnung
esperanza de vida Lebenserwartung
esperar hoffen; (er)warten
espinacas *f* Spinat
espíritu *m* Geist
esplendor *m* Pracht, Glanz
espontáneo/-a spontan
esposo/-a *(LA)* Ehemann/-frau
esqueleto Skelett
esquema *m* Schema
esquí *m* Ski
esquiar *(í)* Ski laufen
esquíes *m* Skier
esquina Ecke
estabilidad *f* Stabilität
estable stabil
establecer *(zc)* errichten
establecer *(zc)* **contacto** Kontakt aufnehmen
establecerse *(zc)* sich niederlassen
estación *f* Station; Bahnhof; Haltestelle
estación *f* **de ferrocarril** Bahnhof
estación *f* **de servicio** Tankstelle
estación *f* **del año** Jahreszeit
estadio Stadion
estadística Statistik
Estado Staat
estado Zustand, Lage
estado civil Familienstand
estado de ánimo Gemütszustand
estado de cuenta Kontostand
Estados Unidos Vereinigte Staaten, USA
estadounidense US-amerikanisch; US-Amerikaner/in

estancia Aufenthalt
estanco Tabakladen
estar *(yo estoy)* sein, sich befinden
estar + *Gerundium* gerade tun
estar a disposición zur Verfügung stehen
estar a la espera de warten auf
estar a punto de kurz davor sein zu
estar capacitado/-a (para) gut geeignet sein (für / zu)
estar casado/-a verheiratet sein
estar comunicando *(Telefon)* belegt sein
estar en condiciones (de) in der Lage sein (zu)
estar familiarizado/-a con vertraut sein mit
estar hermanado/-a eine Partnerstadt haben
estar pendiente de pago fällig sein
estar reunido/-a in einer Besprechung sein
estar sentado/-a sitzen
este *m* Osten
este/-a diese/r/s
estética Ästhetik
estético/-a ästhetisch, Schönheits-
estilo Stil
estilo colonial Kolonialstil
estilo indirecto indirekte Rede
estimado/-a sehr geehrte/r
estimados señores sehr geehrte Damen und Herren
estío *(poetisch)* Sommer
estipular festlegen
estirar ausrollen
estirarse sich (aus)strecken
esto das
estómago Magen
estrangular erwürgen
estrategia Strategie
estrecho/-a eng, schmal
estrella Stern
estreno Premiere, Erstaufführung
estrés *m* Stress
estresar stressen, erschöpfen
estrictamente strikt, genau
estricto/-a streng
estrofa Strophe
estropearse sich verschlechtern; *(Essen)* schlecht werden
estructura Struktur
estructurar strukturieren
estudiante *m/f* Student/in, Schüler/in
estudiante *m/f* **de intercambio** Austauschschüler/in
estudiantil Studenten-, studentisch
estudiar studieren; lernen; untersuchen
estudio Studie, Untersuchung; (Ton-)Studio
estudios *m* Studium
estudios primarios Grundschule
estudios secundarios weiterführende Schule, Sekundarstufe
estupendo/-a wunderbar
etapa Etappe, Abschnitt
etc. (= etcétera) etc. (= et cetera)
eterno/-a ewig, endlos
euro Euro
Europa Europa
Europa Central Mitteleuropa
europeo/-a europäisch; Europäer/in
Euskadi *m* Baskenland
euskera *m* Baskisch
evento Ereignis, Event
evidente offensichtlich
evidentemente offensichtlich; natürlich
evitar vermeiden

evolución *f* Evolution, Entwicklung
exactamente genau
exacto/-a genau
exageración *f* Übertreibung
exagerar übertreiben
examen *m* Prüfung
examinar untersuchen
examinarse geprüft werden
excavado/-a (aus)gegraben
excelente ausgezeichnet
excepción *f* Ausnahme
excepcional außergewöhnlich
excepto außer
excesivo/-a übermäßig, maßlos
exceso de peso Übergewicht
exclusivamente ausschließlich
exclusivo/-a exklusiv
excursión *f* Ausflug
excursionista *m/f* Ausflügler/in
exhibir ausstellen
exigencia (An-)Forderung
exigente anspruchsvoll
exigir (er)fordern, verlangen
exiliado/-a Exil-
exiliarse ins Exil gehen
exilio Exil
existencia Existenz
existencias Vorrat
existir existieren
éxito Erfolg
ex-novio/-a Ex-Freund/in
exótico/-a exotisch
expansión *f* Aufschwung
expectativa Erwartung
experiencia Erfahrung
experiencia laboral Berufserfahrung
experiencia profesional Berufserfahrung
experimental experimentell
experimento Experiment
experto/-a Experte/-in
expirar ausatmen
explicable erklärbar
explicación *f* Erklärung
explicar erklären
explosión *f* Explosion
exponer *(vgl. poner)* vortragen; ausstellen
exportación *f* Export
exportar exportieren
exposición *f* Ausstellung
expresar ausdrücken
expresarse sich ausdrücken
expresión *f* Ausdruck
expresión *f* **popular** Redensart
extenderse *(ie)* sich ausbreiten
extendido/-a verbreitet, ausgestreckt
extensión *f* Ausdehnung; Verbreitung; Durchwahl
exterior äußere/r/s; zur Straße gelegen
extinción *f* Aussterben
extra extra, zusätzlich
extra *m/f* **de cine** Statist/in
extracto Auszug
extramatrimonial außerehelich
extrañar wundern; vermissen
extraño/-a fremd, ausländisch; sonderbar
extranjero Ausland
extranjero/-a ausländisch; Ausländer/in
extraordinario/-a außergewöhnlich
extremo Extrem, Ende
extremo/-a äußerste/r/s, letzte/r/s
extrovertido/-a extrovertiert

F

fábrica Fabrik
fabricante *m/f* Hersteller/in
fabricar herstellen
fábula Fabel

fachada Fassade
fácil leicht
facilidad *f* Leichtigkeit; Talent
facilitar besorgen, zur Verfügung stellen
factor *m* Faktor
factura Rechnung
factura comercial Handelsrechnung
facturar el equipaje das Gepäck aufgeben
facultad *f* Fakultät, Universität
falda Rock
fallar misslingen, fehlschlagen
Fallas de Valencia *Volksfest in Valencia*
falso/-a falsch
falsos amigos „falsche Freunde"
falta (de) Mangel (an)
falta de control Kontrollverlust
faltar fehlen
fama Ruhm
familia Familie
familia política angeheiratete Verwandtschaft
familiar familiär, Familien-
familiar *m/f* Familienangehörige/r
familiaridad *f* Vertrautheit
famoso/-a berühmt
fanático/-a Anhänger/in
fantasía Fantasie
fantástico/-a fantastisch
farmacia Apotheke
farmacia de guardia Bereitschaftsapotheke
faro Scheinwerfer
fascinante faszinierend
fatal schrecklich
fauna Tierwelt
favor *m* Gefallen, Gefälligkeit
favorable günstig, vorteilhaft; positiv; wohlwollend
favorito/-a Lieblings-
fax *m* Fax(gerät)
fe *f* Glaube
febrero Februar
febril fiebrig
fecha Datum
fecha de entrega Abgabe-, Liefertermin
fecha de nacimiento Geburtsdatum
federal Bundes-, föderativ
felicidad *f* Glück, Freude
¡Felicidades! Herzlichen Glückwunsch!
felicitación *f* Glückwunsch
felicitar gratulieren
feliz glücklich
¡Feliz Año Nuevo! Ein glückliches neues Jahr!
¡Feliz cumpleaños! Alles Gute zum Geburtstag!
femenino/-a weiblich
fenicio/-a phönizisch; Phönizier/in
fenomenal großartig
fenómeno Phänomen
feo/-a hässlich
feria Messe; Ausstellung
feria de muestras Mustermesse
feria del libro Buchmesse
ferrocarril *m* Eisenbahn
festival *m* Festival
festivo Feiertag
ficción *f* Fiktion
ficha Karteikarte; Formular; Spielstein
fiebre *f* Fieber
fiebre(s) *f* **tifoidea(s)** Typhus
fiel treu
fiesta Fest, Feier
fiesta nacional Nationalfeiertag
figura Figur
figurarse sich vorstellen, sich denken
fijación *f* **mental** fixe Idee

fijar festlegen
fijarse en achten auf, beachten
fijo/-a fest
fila Reihe
filete *m* Schnitzel, Steak
filial *f* Filiale
Filipinas Philippinen
filipino/-a philippinisch; Philippine/-in
filo Trennungslinie, Schneide
Filología Inglesa Anglistik
fin *m* Ziel, Absicht; Ende
fin *m* **de semana** Wochenende
final End-
final *m* Ende
finalidad *f* Ziel; Absicht, Zweck
finalizar beenden
finalmente (letzt)endlich
financiar finanzieren, bezahlen
financiero/-a finanziell
finlandés/-esa finnisch; Finne/-in
Finlandia Finnland
fino/-a fein
firma Unterschrift
firmado (fdo.) gezeichnet (gez.)
firmar unterschreiben
física Physik
físico/-a körperlich
flaco/-a dünn, mager
flamenco/-a flämisch
flan *m* Karamellpudding
flexibilidad *f* Flexibilität
flexible flexibel
flexionar beugen
flor *f* Blume
flora Flora, Pflanzenwelt
floral Blumen-
fobia Phobie, Abscheu
folclore *m* Folklore
folclórico/-a folkloristisch
folleto Prospekt
fomentar fördern, unterstützen
fondo (del mar) (Meeres-)Boden
fondos (Geld-)Mittel
footing *m* Jogging
forjar schmieden
forma Form; Art und Weise
formación *f* Bildung; Ausbildung
formación *f* **escolar** Schulbildung
formación *f* **profesional** Berufsausbildung
formal förmlich, formell
formalidad *f* Förmlichkeit, Formalität
formar bilden
formar parte (de) gehören (zu)
formarse sich (weiter)bilden
formidable großartig
formular formulieren
formulario Formular
foro Forum
fortaleza Festung
foto *f* Foto
fotocopia Fotokopie
fotocopiadora Fotokopierer
fotografía Fotografie
francamente offen, ehrlich
francés *m* Französisch
francés/-esa französisch; Franzose / Französin
Francia Frankreich
franquismo Franco-Ära
franquista franquistisch
frasco Flakon, Flasche
frase *f* Satz
frecuencia Häufigkeit
frecuentar (regelmäßig) besuchen
frecuente(mente) häufig
freno Bremse
frenar (ab)bremsen
frente *f* Stirn(seite), Gesicht; Vorderseite
frente a vor, gegenüber von
fresa Erdbeere
fresco/-a frisch
fresquito/-a frisch, kühl
frijol *m* Bohne
frío Kälte

frío/-a kalt
frito/-a frittiert, gebraten
frontera Grenze
frustrado/-a frustriert
fruta Frucht, Obst
fruta del tiempo Früchte der Saison
frutería Obstladen, -stand
frutilla *(LA)* Erdbeere
fruto Frucht
fuego Feuer
fuegos artificiales Feuerwerk
fuente *f* Quelle; Brunnen
fuera (de) außerhalb (von)
¡Fuera! Raus!
fuerte stark
fuerza Kraft
Fuerzas Armadas Streitkräfte
fumador/a Raucher/in
fumar rauchen
función *f* Funktion, Tätigkeit; Veranstaltung
funcionalidad *f* Zweckmäßigkeit
funcionamiento Funktionsfähigkeit, -weise, Betrieb
funcionar funktionieren; in Betrieb sein
funcionario/-a Beamter/-in
fundación *f* Stiftung
fundador/a Gründer/in
fundamental grundlegend
fundar gründen
fundir schmelzen
fundir plomo Blei gießen
funeral *m* Beerdigung
furioso/-a wütend
fusión *f* Fusion, Verschmelzung
fútbol *m* Fußball
futbolín *m* Tischfußball
futbolista *m/f* Fußballspieler/in
futuro Zukunft
futuro/-a zukünftig

G

gafas *f* **(de sol)** (Sonnen-)Brille
galería Galerie
Galicia Galicien
gallego Galicisch
gallina Huhn
gallo Hahn
gamba Garnele
ganancia Gewinn
ganar gewinnen; verdienen
gana(s) (de) Lust (auf)
ganso Gans
garaje *m* Garage
garantía Garantie
garantizar garantieren, Garantie gewähren
garganta Hals, Rachen
gas *m* Gas; Kohlensäure
gasolina Benzin
gastar verbrauchen; ausgeben
gastar una broma sich einen Scherz erlauben
gasto Verbrauch
gasto de energía Energieverbrauch
gastos Kosten, Ausgaben
gastos de envío Versandkosten
gastos de transporte Transportkosten
gastronómico/-a gastronomisch
gato (siamés) (Siam-)Katze
gaucho *südamerikanischer Viehhirte*
gazpacho *kalte Gemüsesuppe*
gelatina Gelatine
gemelos/-as Zwillinge
generación *f* Generation
general allgemein, Haupt-
general *m* General
generalización *f* Verallgemeinerung
generalmente im Allgemeinen
generar hervorbringen

génerο Geschlecht; Genre, Gattung
generosidad *f* Großzügigkeit
generoso/-a großzügig
genético/-a genetisch
genial genial, toll
genio Genie
genitivo Genitiv
genovés/-esa genuesisch
gente *f* Leute
gerundio Verlaufsform, Gerundium
gestión *f* **de personal** Personalführung
gesto Geste
gigante *m* Riese
gimnasia Gymnastik
gimnasio Fitnessstudio
ginebra Gin
Ginebra Genf
girar (sich) drehen; abbiegen
giro postal Postanweisung
glaciar *m* Gletscher
global global, weltweit
globalización *f* Globalisierung
gloria Ruhm; Herrlichkeit
gobernador/a Gouverneur/in
gobernar *(ie)* regieren
gobierno Regierung
gol *m* Tor
Golfo Golfstrom
golondrina Schwalbe; Ausflugsboot
golpe *m* Schlag, Stoß
golpe *m* **de estado** Putsch
golpe *m* **militar** Militärputsch
goma (de borrar) (Radier-) Gummi
gordito/-a pummelig
gordo das große Los
gordo/-a dick
gordura Fettleibigkeit
gorila *m* Gorilla
gota Tropfen
gótico/-a gotisch
grabación *f* Aufnahme *(auf Datenträger)*
grabar aufnehmen
gracias danke
gracias a dank …
gracioso/-a lustig
grado Grad; (Schul-)Klasse
grado medio Mittelstufe
grado superior Oberstufe
gráfico Graphik
gráfico/-a grafisch
grafito Graphit
gramática Grammatik
gramatical grammatisch
gramo Gramm
grande groß
grandes almacenes *m* Kaufhaus
grandón/-ona riesig, sehr groß
granito de arena Sandkörnchen
granja Bauernhof
grano Korn
grasa Fett
gratis gratis, kostenlos
gratuito/-a kostenlos
grave schwer, schlimm, ernst
gravedad *f* *(Situation)* Ernst
Grecia Griechenland
griego/-a griechisch; Grieche/-in
grifo Wasserhahn
gripe *f* Grippe
gris grau
gritar rufen, schreien
grito Schrei
grúa Abschleppwagen
grupo Gruppe
grupo de peso (ge)wichtige Gruppe
grupo reducido Kleingruppe
guacamole *m* Avocadocreme
guagua *(LA)* Bus
guanche *m* *Eingeborenensprache der Kanarischen Inseln*
guapo/-a hübsch

guaraní *m* *indianische Sprache*
guaraní *m/f* *Ureinwohner/in Uruguays*
guardar aufbewahren; *(Computer)* speichern
guardería Kindergarten, -krippe; Kinderbetreuung
guardia Wache
guardia *m/f* **civil** Beamter/-in der Guardia Civil
Guatemala Guatemala
guatemalteco/-a aus Guatemala
guerra Krieg
guerra civil Bürgerkrieg
Guerra Civil spanischer Bürgerkrieg (1936 – 39)
Guerra de la Independencia Unabhängigkeitskrieg
Guerra Mundial Weltkrieg
guerrilla *Einheit, die im Untergrund kämpft*
guía Handbuch
guía *m/f* Führer/in, Reiseleiter/in
guía turística *(Buch)* Reiseführer
guiar *(í)* führen, lenken
Guinea Ecuatorial Äquatorialguinea
guión *m* Bindestrich; Drehbuch
guionista *m/f* Drehbuchautor/in
guisado/-a geschmort
guisante *m* Erbse
guitarra Gitarre
guitarrista *m/f* Gitarrist/in
gustar gefallen
gusto Vorliebe; Geschmack

H

haber *(Hilfsverb)* haben, sein
habilidad *f* Geschick(lichkeit), Können
habitación *f* Zimmer
habitante *m/f* Einwohner/in
habitante *m/f* **originario/-a** Ureinwohner/in
hábitat *m* natürlicher Lebensraum
hábito Gewohnheit
habitual üblich
habitualmente gewöhnlich
habla Sprache
hablando de apropos ...
hablar sprechen
hablar alto / bajo laut / leise sprechen
hace *(zeitlich)* vor
hace... grados es ist ... Grad
hace buen tiempo es ist gutes Wetter
hace calor es ist warm
hace frío es ist kalt
hace poco vor Kurzem
hacer *(yo hago)* machen
hacer + *inf* lassen
hacer amigos Freundschaft(en) schließen
hacer clic (en) (an)klicken
hacer cola Schlange stehen
hacer ejercicio trainieren
hacer falta nötig sein
hacer frente (a) Widerstand leisten
hacer ilusión sich freuen (auf), Freude bereiten
hacer llegar zukommen lassen
hacer mal falsch machen
hacer realidad realisieren, verwirklichen
hacer referencia a Bezug nehmen auf
hacer reír zum Lachen bringen
hacer saber mitteilen
hacer señas Zeichen geben
hacer senderismo wandern
hacer snórkeling schnorcheln
hacer surf surfen
hacer una barbacoa grillen

hacerse + *Adj / Subst* … werden
hacerse daño sich verletzen
hacerse de día Tag / hell werden
hacerse realidad wahr werden
hacerse una idea sich ein Bild machen
hacia nach, zu, in Richtung
hada Fee
halago Schmeicheln, Lob
hallarse sich befinden
hambre *f* Hunger
hambriento/-a hungrig
hamburguesa *(Brötchen)* Hamburger
hándicap *m* Behinderung
harina Mehl
harto/-a überdrüssig
hasta bis (zu); sogar
hasta agotar existencias solange der Vorrat reicht
hasta la fecha bis heute
hasta llegar a… bis er in … ankam
hasta luego bis gleich
hasta nuestros días bis zum heutigen Tag
hasta que bis dass
hay es gibt
hay que man muss
hecho Tatsache
hecho/-a polvo erledigt
hectárea Hektar
heladera *(LA)* Kühlschrank
helado Eis
helado/-a gefroren
helado de palo Eis am Stiel
Helvecia Helvetien *(Schweiz)*
herencia Erbe
herida Wunde
herido/-a verletzt; Verletzte/r
herir *(ie)* verletzen
herirse *(ie)* sich verletzen
hermanamiento (Städte-)Partnerschaft
hermano/-a Bruder / Schwester
hermosísimo/-a wunderschön
hermoso/-a wunderschön
hielo Eis(würfel)
hijita Töchterchen
hijo / hija Sohn / Tochter
hijo/-a adoptivo/-a Adoptivsohn/-tochter
hilo musical Stereoanlage
hipermercado Verbrauchermarkt
hipoteca Hypothek
hipótesis *f* Hypothese
hispano/-a spanischsprachig; Hispanoamerikaner/in
hispanohablante spanischsprachig; spanische/r Muttersprachler/in
historia Geschichte
histórico/-a historisch
hogar *m* Zuhause
hoja Blatt
hola hallo
Holanda Holland
holandés *m* Holländisch
holandés/-esa holländisch; Holländer/in
hombre *m* Mann; Mensch
Honduras Honduras
hondureño/-a honduranisch; Honduraner/in
honor *m* Ehre
honrado/-a ehrlich, ehrenhaft
hora Stunde; Uhrzeit
horario Stundenplan; Fahrplan; Geschäftszeiten, Sprechzeiten
horario flexible gleitende Arbeitszeit
horario de apertura Öffnungszeit
horario de trabajo Arbeitszeit
horarios comerciales Ladenöffnungszeiten
horizontal waagrecht
horizonte *m* Horizont
horno Backofen

horrible schrecklich
horror *m* Schrecken
horroroso/-a schrecklich
hospital *m* Krankenhaus
hospitalario/-a gastfreundlich
hospitalidad *f* Gastfreundschaft
hostal *m* Pension, (kleines) Hotel, Gasthaus
hotel *m* Hotel
hoy heute
hoy en día heutzutage
hoy mismo noch heute
hoyo Grube, Loch
huasteco/-a huaxtekisch
hueco de mercado Marktlücke
huelga (general) (General-)Streik
huella Spur
hueso Knochen; (Obst-)Kern
huevo Ei
huir *(y)* fliehen
humanidad *f* Menschheit; Menschlichkeit
Humanidades *f* Geisteswissenschaften
humanístico/-a humanistisch
humanitario/-a humanitär
humano/-a menschlich
húmedo/-a feucht
humo Rauch
humor *m* Humor; Laune
humorista *m/f* Komiker/in, Humorist/in
hundimiento Untergang
hundirse untergehen, sinken
húngaro/-a ungarisch; Ungar/in
huracán *m* Hurrikan

I

iberoamericano/-a iberoamerikanisch
ida Hinfahrt, Hinflug
idea Idee, Gedanke
ideal ideal
idealista idealistisch; Idealist/in
idéntico/-a identisch
identidad *f* Identität
identificación *f* Identifizierung
identificar identifizieren
identificarse (con) sich identifizieren (mit)
ideológico/-a ideologisch
idioma *m* Sprache
idioma *m* **materno** Muttersprache
idiota idiotisch; schwachsinnig; Idiot/in
iglesia Kirche
ignorar ignorieren, außer Acht lassen
igual gleich; trotzdem
igual de + *Adj.* gleich(ermaßen)
igual que genauso wie
igualdad *f* Gleichheit, Gleichberechtigung
igualmente gleichfalls
ilegal illegal, gesetzwidrig
ilimitado/-a unbegrenzt
ilusión *f* Hoffnung, Vorfreude
ilustración *f* Illustration, Abbildung
ilustrado/-a illustriert
ilustrador/a Zeichner/in
ilustrar illustrieren; zeigen
imagen *f* Bild; Image
imaginación *f* Vorstellungskraft, Fantasie
imaginar(se) sich vorstellen
imaginario/-a erdacht
imán *m* Magnet
imitación *f* Nachahmung
imitador/a Nachahmer/in
imitar nachahmen
impago Nichtzahlung
impedir *(i)* abhalten, (ver)hindern
imperativo Befehlsform
imperfecto Imperfekt

imperfecto/-a mangelhaft, unvollständig
imperio Reich
impermeable (wasser)dicht
impermeable *m* Regenmantel
impersonal unpersönlich
impersonalidad *f* Unpersönlichkeit
implicar mit sich bringen
imponente eindrucksvoll
imponerse *(vgl. poner)* sich durchsetzen
importación *f* Import(ware), Einfuhr
importancia Bedeutung
importante wichtig, bedeutend
importar etwas ausmachen; importieren, einführen
importar un rábano *(fam)* Wurst sein
importe *m* Betrag
imposible unmöglich
impresión *f* Eindruck
impresionante eindrucksvoll
impresionar beeindrucken
impresionista impressionistisch
impreso Formular, Vordruck
impresora Drucker
imprimir drucken
improvisar improvisieren, spielen
impuesto Steuer
impulsivo/-a impulsiv
impuntual unpünktlich
inactivo/-a untätig, inaktiv
inadecuado/-a unangemessen
inadvertido/-a unbemerkt
inapropiado/-a unangemessen, unsachgemäß
inauguración *f* Eröffnung, Einweihung
inaugurar einweihen
inca *m/f* Inka
incaico/-a von den Inkas
incapaz unfähig
incendio Brand
incluido/-a inbegriffen
incluir *(y)* einschließen, beinhalten, enthalten
incluso sogar
incompleto/-a unvollständig
incomprensible unverständlich
incomunicación *f* Kommunikationsmangel, -störung(en)
inconveniente unangemessen
inconveniente *m* Nachteil
incorporación *f* Eingliederung; Eintritt
incorporar einbinden, eingliedern
incorporarse a eintreten in
incorrecto/-a unpassend, falsch
increíble unglaublich
inculto/-a ungebildet
incultura Bildungsmangel, kultureller Verfall
independencia Unabhängigkeit
independiente unabhängig
independizarse unabhängig werden
India Indien
indicación *f* Angabe; Anweisung
indicar (an)zeigen; hinweisen auf
indicativo Wirklichkeitsform
indígena eingeboren; Indio / Indiofrau
indignar empören, zornig machen
indio/-a indianisch; Indio / Indiofrau; Indianer/in
indirecto/-a indirekt
indispensable unerlässlich
individual individuell, Einzel-
individual *f* Einzelzimmer
individualizado/-a individualisiert
individuo Individuum
industria Industrie
industrial Industrie-, industriell
industrializar industrialisieren
inevitable unvermeidlich

infancia Kindheit
infarto (Herz-)Infarkt
inferior geringer
infierno Hölle
infinidad *f* Unendlichkeit
infinitivo Infinitiv
inflación *f* Inflation
influencia Einfluss
influir *(y)* beeinflussen
información *f* Information
informal informell
informar informieren
informarse sich informieren
informática Informatik
informático/-a Informatik-; Informatiker/in
informativo Nachrichtensendung
informativo/-a informativ, Informations-
informe *m* Bericht
infracción *f* Verstoß, Vergehen
infraestructura Infrastruktur
infructuoso/-a vergeblich
ingeniería Ingenieurwesen
ingeniero/-a Ingenieur/in
Inglaterra England
inglés *m* Englisch
inglés/-esa englisch; Engländer/in
ingrediente *m* Zutat
ingredientes *m (Argentinien)* Häppchen, Knabberzeug
ingresar einzahlen; eintreten
inhumano/-a unmenschlich
iniciación *f* Einführung, Einstieg
inicial anfänglich, Anfangs-
iniciar starten, beginnen
iniciativa Initiative
iniciativa propia Eigeninitiative
inicio Beginn
injusto/-a ungerecht
inmediatamente sofort
inmigrante *m/f* Immigrant/in
inmobiliaria Immobilienfirma
inmortalizar unsterblich machen, verewigen
innovador/a innovativ
inocentada *Art Aprilscherz am 28. Dezember*
inocente unschuldig; einfältig
inscripción *f* Einschreibung, Anmeldung
insecto Insekt
inseguro/-a unsicher
insistir darauf bestehen
insonorizado/-a schallisoliert
insoportable unerträglich
inspirar(se) (sich) inspirieren (lassen)
instalaciones *f* Anlagen
instalaciones *f* **deportivas** Sportanlagen
instalar installieren
institución *f* **educativa** Bildungseinrichtung
instituto Gymnasium
Instituto Cervantes *Spanisches Kulturinstitut*
Instituto del Consumidor Verbraucherzentrale
instrucción *f* Anweisung
instrucción *f* **de uso** Gebrauchsanweisung
instrumento Instrument, Mittel
instrumento de música / musical Musikinstrument
insuficiente ungenügend, unzureichend
insulto Beleidigung
insumiso Wehr(- und Zivil)dienstverweigerer
intacto/-a intakt
integrar integrieren; bilden
intelectual intellektuell; Intellektuelle/r
inteligente intelligent
intención *f* Absicht
intensamente intensiv

intensidad *f* Intensität, Eindringlichkeit
intensivo/-a intensiv
intenso/-a intensiv, heftig
intentar versuchen (zu)
intento Versuch
interactivo/-a interaktiv
intercambiar (aus)tauschen
intercambio Austausch
intercultural interkulturell
interés *m* Interesse; Zins
interesado/-a interessiert; Interessent/in
interesante interessant
interesar interessieren
interferencia Störung
interior innere/r/s; innen
interior *m* Inneres
interlocutor/a Gesprächspartner/in
intermedio/-a mittlere/r/s
intermitente intermittierend, blinkend
internacional international
internado Internat
interno/-a intern, Binnen-
interpretar interpretieren
intérprete *m/f* Dolmetscher/in
interrogar befragen
interrogativo Fragewort
interrumpir unterbrechen
interrupción *f* Unterbrechung
intervención *f* Intervention, Eingreifen
intervenir *(vgl. venir)* eingreifen; teilnehmen; drankommen
íntimo/-a intim, vertraut, eng; innerlich
intolerante intolerant
intrigado/-a neugierig
introducción *f* Einführung, Einleitung
introducir *(zc)* einführen
inundación *f* Überschwemmung
inútil überflüssig, unnötig
inventar erfinden
invento Erfindung
inventor/a Erfinder/in
invertir *(ie)* investieren
investigación *f* Untersuchung; Forschung
investigador/a Forscher/in
investigar untersuchen
invierno Winter
invitación *f* Einladung
invitado/-a Gast
invitar einladen
ir gehen, fahren
ir a + *inf* etwas tun werden
ir a caballo reiten
ir a casa nach Hause gehen
ir a ver besuchen
ir de handeln von
ir de bares etwas trinken gehen
ir de compras einkaufen gehen
ir de copas etwas trinken gehen
ir de excursión einen Ausflug machen
ir de tapas Tapas essen gehen
ir de tiendas einen Einkaufsbummel machen
ir de vacaciones in Urlaub fahren
ir de viaje eine Reise machen
ir de visita zu Besuch kommen
ir en avión fliegen
ir en coche mit dem Auto fahren
Irlanda Irland
irlandés/-esa irisch; Ire / Irin
ironía Ironie
irracional irrational
irregular unregelmäßig, ungleichmäßig
irreparable irreparabel
irrevocable unwiderruflich
irse (weg)gehen; ausziehen
isla Insel
Isla de Pascua Osterinsel
Isla del Tesoro Schatzinsel

islámico/-a islamisch, Islam-
Islas Canarias Kanarische Inseln
israelí *m/f* Israeli
Italia Italien
italiano Italienisch
italiano/-a italienisch; Italiener/in
itinerario Route
itinerario científico wissenschaftlicher Zug
izquierdo/-a linke/r/s

J

jabón *m* Seife
jacuzzi *m* Whirlpool
jamás nie(mals)
jamón *m* Schinken
jamón *m* **de York** gekochter Schinken
jamón *m* **serrano** luftgetrockneter Schinken
Japón Japan
japonés *m* Japanisch
japonés/-esa japanisch; Japaner/in
jarabe *m* **contra la tos** Hustensaft, -sirup
jardín *m* Garten
jefe/-a Chef/in, Leiter/in
jerarquía Hierarchie
jerez *m* Sherry
jersey *m* Pullover
Jesucristo Jesus Christus
jirafa Giraffe
jornada (Arbeits-, Schul-)Tag
jornada completa Vollzeit
jornada de horario continuo Ganztagsschule
joven jung; Jugendliche/r
jóvenes *m/f* junge Leute
joya Schmuckstück
joyería Schmuckgeschäft
jubilación *f* Ruhestand
jubilado/-a pensioniert; Rentner/in
jubilarse in den Ruhestand gehen
judería Judenviertel
judía Bohne
judío/-a jüdisch; Jude / Jüdin
juego Spiel
jueves *m* Donnerstag
Jueves *m* **Santo** Gründonnerstag
jugador/a Spieler/in
jugar *(ue)* spielen
jugar *(ue)* **a las cartas** Karten spielen
jugo *(LA)* Saft
juguetes *m* Spielwaren
juicio Vernunft; Urteilsvermögen; Meinung
julio Juli
junio Juni
junto a neben, an
junto (con) zusammen (mit)
juntos/-as zusammen
jurídico/-a rechtlich
justicia Justiz
justificante *m* **de compra** Kaufbeleg
justificar belegen, nachweisen
justo/-a gerecht; passend, genau
juventud *f* Jugend
juzgar (be)urteilen

K

kaixarranka *baskischer Tanz*
kilo Kilo
kilo y medio anderthalb Kilo
kilometraje *m* Kilometerzahl
kilómetro Kilometer
kinestésico/-a kinästhetisch

L

la probabilidad *f* **de que** + *subj* die Wahrscheinlichkeit, dass

labio Lippe
labor *f* Arbeit
laboral Arbeits-
lado Seite
ladrón *m* Räuber
lago See
laguna Lagune
lamentable bedauerlich
lamentablemente leider
lamentar bedauern
lámpara Lampe
lámpara de halógeno Halogenlampe
lana Wolle
lanzar werfen; auf den Markt bringen
lanzar piropos Komplimente machen
lápiz *m* Bleistift
largo Länge
largo/-a lang
lástima Bedauern, Jammer
lata Dose
latín *m* **(vulgar)** (Vulgär-)Latein
latino/-a Latino-; Lateinamerikaner/in
Latinoamérica Lateinamerika
latinoamericano/-a lateinamerikanisch; Lateinamerikaner/in
laurel *m* Lorbeer(baum)
lavabo Waschbecken
lavadero público öffentlicher Waschplatz
lavadora Waschmaschine
lavandera Wäscherin
lavandería Wäscherei
lavaplatos *m* Geschirrspülmaschine
lavar(se) (sich) waschen
lavar los dientes Zähne putzen
lavar los platos Geschirr spülen
le ihm / ihr / Ihnen
leche *f* Milch
lectura Lektüre; Lesung; Lesen
leer lesen
legal gesetzlich, gesetzmäßig, rechtlich
legendario/-a legendär
legumbres *f* Hülsenfrüchte; Gemüse
lejano/-a weit entfernt
lejos (de) weit (weg) (von)
leña Brennholz
lencería y corsetería Wäscheabteilung, -geschäft
lengua Sprache
lengua escrita Schriftsprache
lengua extranjera Fremdsprache
lengua hablada gesprochene Sprache
lengua materna Muttersprache
lenguaje *m* Sprache, Sprechweise
lenguaje *m* **no verbal** nonverbale Kommunikation
lentes *m* Brille
lento/-a langsam
leopardo Leopard
lepra Lepra
les ihnen / Ihnen
letra Buchstabe; (Lied-)Text
letra de cambio Wechsel
levantar hochheben
levantarse aufstehen, sich erheben
ley *f* Gesetz
leyenda Legende
liberal liberal
libertad *f* Freiheit
libertad *f* **de expresión** Meinungsfreiheit
libre frei
librería Buchhandlung
libro Buch
libro de bolsillo Taschenbuch
libro de misa Messbuch
licencia de conducir *(LA)* Fahrerlaubnis, Führerschein
licenciatura Hochschulabschluss

líder *m/f* Führer/in
liga de fútbol Fußballliga
ligereza Leichtigkeit; Schnelligkeit
ligero/-a leicht
limitación *f* Begrenzung
limitado/-a begrenzt, beschränkt
limitar begrenzen, einschränken
límite *m* Grenze
limón *m* Zitrone
limonada Limonade
limpiabotas *m* Schuhputzer
limpiador *m* Putzmittel
limpiar putzen
limpieza Reinigung
limpio/-a sauber
línea Linie; (Telefon-)Leitung
lingüista *m/f* Linguist/in, Sprachwissenschaftler/in
lingüístico/-a linguistisch, Sprach-
lío Durcheinander; *(fam)* (Liebes-)Verhältnis
liquidar auflösen; begleichen
Lisboa Lissabon
lista Liste
lista de precios Preisliste
listo/-a schlau; fertig, bereit
listo/-a para el envío versandfertig
literatura Literatur
litro Liter
living *m (LA)* Wohnzimmer
llama Lama
llamada (telefónica) (Telefon-)Anruf
llamado/-a sogenannt
llamamiento Aufruf
llamar (an)rufen
llamar la atención auffallen, Aufmerksamkeit erregen
llamarse heißen
llave *f* Schlüssel
llegada Ankunft; Ziel
llegar (an)kommen
llegar a + *inf* es schaffen zu
llegar a tiempo rechtzeitig (an)kommen
llegar a un acuerdo zu einer Einigung kommen
llenar füllen
lleno/-a voll
lleno/-a de éxitos erfolgreich
llevar (mit-, hin)bringen; tragen; mitnehmen; führen
¿Lleva ajo? Ist es mit Knoblauch?
llevar 3 meses + *Gerundium* seit 3 Monaten etwas tun
llevar a alguien a jmd. dazu bringen, etw. zu tun
llevar a cabo durchführen
llevar a efecto zustande bringen
llevar a término zu Ende bringen, durchführen
llevar al poder an die Macht bringen
llevarse (mit)nehmen
llevarse bien / mal sich (nicht) vertragen
llorar weinen
llover *(ue)* regnen
lluvia Regen
lo / la ihn / sie
lo antes posible so schnell als möglich
lo menos posible so wenig wie möglich
lo que das, was
lo siento *(sentir)* es tut mir leid
lobito Wölflein
lobo Wolf
local örtlich
localidad *f* Ort
loco/-a verrückt
locura Wahnsinn
locutorio Sprechzimmer; Telefonzelle
lógico/-a logisch, natürlich

logotipo Firmenzeichen
lograr erreichen, gelingen
los / las *(Artikel)* die; *(Objektpronomen)* sie
los demás die anderen
los dos die beiden
los que diejenigen, die
lotería Lotterie
lucha Kampf
luchar kämpfen
luego später, dann
lugar *m* Ort, Platz, Stelle
lugar *m* **de interés** Sehenswürdigkeit
lujo Luxus
lujoso/-a luxuriös; prächtig
luna Mond
luna llena Vollmond
lunes *m* Montag
lupa Lupe
Luxemburgo Luxemburg
luz *f* **(natural)** (Tages-)Licht

M

macabro/-a makaber
madera Holz
madre *f* Mutter
madre *f* **soltera** allein erziehende Mutter
Madre *f* **Tierra** Mutter Erde
madrileño/-a Madrider/in
madrina Taufpatin
madrugá (= madrugada) (Morgen-)Dämmerung
maduro/-a reif
maestro/-a Meister/in; (Grundschul-)Lehrer/in
magazine *m* Magazin
magdalena *Gebäck aus Biskuit*
mágico/-a magisch, Zauber-
magnífico/-a ausgezeichnet, großartig
maíz *m* Mais
mal schlecht; falsch
mal *m* Böses; Schaden, Unrecht
Maldivas Malediven
malentendido Missverständnis
malestar *m* Unbehagen
maleta Koffer
maletero Kofferraum
malgastar verschwenden
malo/-a schlecht; böse
maltratar quälen, misshandeln
mami *(fam)* Mutti
mamífero Säugetier
mañana Morgen; morgen
mandar schicken
mandarín *m* Mandarin
mandarina Mandarine
manejar lenken; umgehen mit
manejar la cuenta del banco Bankgeschäfte tätigen
manera Art und Weise
manifestación *f* Demonstration, Kundgebung; Ausdrucksform
manifestante *m/f* Demonstrant/in
manipulador/a manipulatorisch
manipular manipulieren
mano *f* Hand
manta Decke
mantel *m* Tischdecke
mantener *(vgl. tener)* unterhalten
mantener una cuenta ein Konto führen
mantenerse en forma in Form bleiben
mantequilla Butter
mantilla Mantille *(Schleiertuch)*
manzana Apfel
manzanilla Kamillentee
mapa *m* Landkarte
mapa *m* **asociativo** Mind-map
máquina Maschine, Apparat
mar *m* Meer
Mar *m* **Caribe** Karibik
maravilla Wunder

maravilloso/-a wunderbar; Wunder-
marca Marke
marcador *m* **temporal** Zeitmarker
marcar markieren; eingeben; wählen
marcha Gang, (Ver-)Lauf
marchar gehen, laufen
marcharse (weg)gehen
marco Rahmen
marea negra Ölpest
mareado/-a schwindelig
margarita Gänseblümchen
marginado/-a ausgegrenzt
marido Ehemann
Marina Marine
marinero/-a Fischer-
marino/-a Meeres-
mariposa Schmetterling
mariscos *m* Meeresfrüchte
marítimo/-a Meeres-
mármol *m* Marmor
marrón braun
martes *m* Dienstag
Martinica Martinique
marzo März
más mehr; am meisten
más... que mehr ... als
más arriba höher (gelegen)
más bien eher, vielmehr
más de *(+ Zahl)* mehr als
más grande größer; größte/r/s
más o menos mehr oder weniger
más que nada wie nichts zuvor
más tarde später
más vale que + *subj* es ist besser, wenn
masa Masse; Teig
masa fina *(LA)* Kuchen, Gebäckstück
masaje *m* Massage
máscara Maske
mascota Maskottchen; Haustier
masculino/-a männlich
masita *(LA)* Teegebäck
máster *m* Master
matar töten
mate *m* Mate-Tee
matemáticas *f* Mathematik
materia (Schul-)Fach
materia prima Rohstoff
material *m* Material
matinal morgendlich
matrícula Einschreibung
matrimonio Ehe
máximo Maximum
maya Maya; Maya-
mayo Mai
mayonesa Mayonnaise
mayor größer, größte/r/s; älter, älteste/r/s
mayor de edad volljährig
mayores *m* ältere Menschen
mayoría Mehrheit
mayúscula Großbuchstabe
me mir, mich
me gustaría... ich würde gern ...
mecánico/-a mechanisch; Mechaniker/in
media Durchschnitt
media parte *f* Hälfte
media pensión *f* Halbpension
mediano/-a von mittlerer Größe; mittelständisch
medianoche *f* Mitternacht
mediante durch, mittels
mediante la presente hiermit
medias Strümpfe
medicación *f* Medikamente
medicamento Medikament
medicina Medizin
medicinal medizinisch, Medizin-
médico/-a medizinisch, ärztlich; Arzt / Ärztin
medida Maßnahme; Maß
medieval mittelalterlich
medio Mitte; Mittel
medio/-a halb; durchschnittlich

medio *m* **ambiente** Umwelt
medio de transporte Verkehrsmittel
mediodía *m* Mittag
medios de comunicación Kommunikationsmittel, Medien
medir *(i)* messen; abwägen
meditación *f* Meditation
Mediterráneo Mittelmeer
mediterráneo/-a Mittelmeer-
médula Knochenmark
megavatio Megawatt
mejor besser; beste/r/s
mejora Verbesserung
mejorar(se) besser werden, (sich) verbessern
melancólico/-a melancholisch, schwermütig
melocotón *m* Pfirsich
melodía Melodie
melón *m* (Honig-)Melone
memoria Gedächtnis; Gedenken; Speicher
mencionar erwähnen
menor kleiner; jünger; Minderjährige/r
menor de edad minderjährig
menos (que) weniger (als); am wenigsten
menos de *(+ Zahl)* weniger als
menos mal (que...) zum Glück
mensaje *m* Mitteilung
mentalidad *f* Mentalität
mentir *(ie)* lügen
mentira Lüge
menú *m* Menü
menudo/-a unbedeutend
mercado Markt
mercancía Ware
merecer *(zc)* verdienen, wert sein
merengue *m* *lateinamerikanischer Tanz*
meridiano Meridian, Längengrad
merienda Vesper
merluza Seehecht
mermelada Marmelade
mes *m* Monat
mesa Tisch
mesa redonda Diskussionsrunde
mesón *m* Gaststätte
mestizo/-a Mestize/-in, Mischling
meta Ziel
metal *m* Metall
metálico/-a aus Metall
meter (hinein)stecken, (hinein)legen
meter la pata ins Fettnäpfchen treten
meterse (en) hineinkommen (in)
método de enseñanza Lehrmethode
metro Meter; U-Bahn
metro cuadrado (Quadrat-)Meter
metrópolis *f* Metropole
mexicano/-a mexikanisch; Mexikaner/in
México Mexiko
México, D.F. Mexiko-City
mezcla (Ver-)Mischung, Gemenge
mezclar (ver)mischen
mezquita Moschee
mi mein/e
micro *(LA)* Bus
micrófono Mikrofon
microondas *m* Mikrowelle
miedo Angst
miedo a volar Flugangst
miel *f* Honig
miembro Mitglied
miembro fundador Gründungsmitglied
mientras während(dessen)
mientras + *subj* solange
mientras que während
mientras tanto inzwischen
miércoles *m* Mittwoch
migración *f* Migration
migraña Migräne

mil tausend
milagro Wunder
milagroso/-a wundertätig
Milán Mailand
milenio Jahrtausend
mili *f (fam)* Militär, Wehrdienst
militar *m/f* Soldat/in, Militärangehörige/r
millón *m* Million
millonario/-a Millionär/in
mimado/-a verwöhnt, verhätschelt
mímica Mimik, Gestik
mina Bergwerk
minero/-a Bergbau-
miniatura Miniatur
minibar *m* Minibar
minifalda Minirock
mínimo Minimum
mínimo/-a Mindest-
ministerio Ministerium
Ministerio de Medio Ambiente Umweltministerium
Ministerio/-a de Economía Wirtschaftsministerium
ministro/-a Minister/in
Ministro/-a de Defensa Verteidigungsminister/in
Ministro/-a de Educación Bildungsminister/in
minoría Minderheit
minúscula Kleinbuchstabe
minuto Minute
mío/-a meine/r/s
mirada Blick
mirar (an)sehen
misa Messe
miseria Elend
mismo/-a der-/dieselbe
lo mismo dasselbe
misterio Geheimnis
misterioso/-a geheimnisvoll
mitad *f* Hälfte
mitología Mythologie
mitológico/-a mythologisch
mixteco/-a mixtekisch
mobiliario Mobiliar
mochila Rucksack
moda Mode
modalidad *f* Modus, Fachrichtung
modelo Modell, Beispiel
moderado/-a gemäßigt
moderar moderieren
modernidad *f* Moderne
modernista Jugendstil-
moderno/-a modern
modesto/-a bescheiden, einfach
modificar verändern
modo Art und Weise
Moisés Moses
mojar nass machen, befeuchten
mojo picón *(kanarische Spezialität)* Peperoni-Dressing
molestar stören
molestarse sich gestört fühlen; sich Umstände machen
molestia Störung, Unannehmlichkeit
molinero/-a Müller/in
molino de viento Windmühle
momento Augenblick
monasterio Kloster
moneda Münze; Währung
monitor *m* Monitor
monitor/a Übungsleiter/in
monje *m* Mönch
mono Affe
monolingüe einsprachig
monolito Monolith, Steinblock
montaña Berg
montañismo Bergsteigen
montar eröffnen
montar a caballo reiten
monte *m* Berg
montón *m* Haufen
monumental monumental
monumento Monument
moqueta Teppichboden

moral moralisch
moral *f* Moral
moraleja Moral
morder *(ue)* beißen
moreno/-a dunkel(haarig)
morir(se) *(ue)* sterben
morir *(ue)* **de hambre** verhungern
moro/-a maurisch; Maure/-in
mortal tödlich
mortalidad *f* **infantil** Kindersterblichkeit
mosca Fliege
Moscú Moskau
mosquito Stechmücke
mostrar *(ue)* zeigen
motivación *f* Motivation
motivado/-a motiviert
motivar motivieren
motivo Grund, Motiv
moto(cicleta) *f* Motorrad
motor *m* Motor; Beweggrund
motorista *m/f* Motorradfahrer/in
mover(se) *(ue)* (sich) bewegen
movida madrileña *Kulturszene in Madrid*
móvil *m* Handy
movilidad *f* Mobilität, Beweglichkeit
movimiento Bewegung, Treiben
muchacho/-a Junge / Mädchen
muchas gracias vielen Dank
muchas veces oft
muchísimo/-a sehr viel
mucho/-a sehr; viel; oft
Mucho gusto. Angenehm.
mucho tiempo lange
mudanza Umzug
mudarse umziehen
mueble *m* Möbelstück
muebles *m* Möbel
muela (Backen-)Zahn
muerte *f* Tod
muerto/-a tot, verstorben; Tote/r
muestra Muster
muisca *kolumbianische Frühkultur*
mujer *f* (Ehe-)Frau
multa Geldstrafe, -buße
multicine *m* Großkino
multinacional multinational
mundial weltweit; Welt-
mundial *m* Weltmeisterschaft
mundo Welt
mundo al revés verkehrte Welt
mundo de los negocios Geschäftswelt
mundo editorial Verlagswelt
mundo laboral Arbeitswelt
muñeca Puppe
muñecón *m* große Puppe
municipal städtisch
municipio Gemeinde; Stadtverwaltung
muralla (Stadt-)Mauer
muro Mauer
músculo Muskel
museo Museum
museo al aire libre Freilichtmuseum
música Musik
música folclórica Volksmusik
musical musikalisch, Musik-
músico/-a Musiker/in
mutuo/-a gegenseitig
muy sehr
muy bien sehr gut

N

nacer *(zc)* geboren werden
nachos de maíz Mais-Chips
nacimiento Geburt
nación *f* Nation
nacional National-, staatlich; Einheimische/r
nacionalidad *f* Staatsangehörigkeit
nada nichts, überhaupt nicht
nadar schwimmen

nadie niemand
náhuatl *m* *indianische Sprache*
naranja Orange; orangefarben
narices *f* *(fam)* Nase
nariz *f* Nase
narrar erzählen
natal Geburts-
nativo/-a Einheimische/r, Eingeborene/r
natural natürlich, Natur-
naturaleza Natur
naturalidad *f* Natürlichkeit
naturalmente natürlich
navaja Taschenmesser
navegador *m* Navigationsgerät
Navidad *f* Weihnachten
navideño/-a Weihnachts-
nazareno/-a Büßer/in
necesario/-a nötig
necesidad *f* Bedürfnis; Notwendigkeit
necesitado/-a bedürftig
necesitar benötigen
necesitar + *inf* müssen
negar *(ie)* verneinen, leugnen
negarse *(ie)* sich weigern
negativo/-a negativ
negociable verhandelbar
negociación *f* Verhandlung
negociar verhandeln
negocio(s) Geschäft(swelt)
negocio comercial Handel
negro/-a schwarz; Schwarze/r
nereida Meernymphe
nervios Nerven
nervioso/-a nervös
neumático Reifen
neutro/-a sächlich
nevado/-a verschneit
nevar *(ie)* schneien
nevera Kühlschrank
ni und auch nicht
¡Ni hablar! Auf gar keinen Fall!
Ni idea. Keine Ahnung.
ni... ni weder ... noch
ni siquiera nicht einmal
Nicaragua Nicaragua
nicaragüense nicaraguanisch; Nicaraguaner/in
niebla Nebel
nieto/-a Enkel/in
nieve *f* Schnee
niñez *f* Kindheit
ninfa Nymphe
ningún, ninguno/-a kein/e
niño/-a Kind, Junge / Mädchen
Niño Jesús Jesuskind
nivel *m* Niveau
nivel *m* **de vida** Lebensstandard
no nein; nicht; kein
¿No? Nicht wahr?
no... nada überhaupt nicht
no... ni nicht einmal
no cabe la menor duda de que es besteht nicht der geringste Zweifel, dass
no deber + *inf* nicht dürfen
No es para tanto. Es ist nicht der Rede wert.
no fumador/a Nichtraucher/in
no hay que man muss nicht
¡No me digas! Sag bloß!
no poder *(ue)* **con** nicht schaffen, nicht fertig werden mit
no sólo... sino también nicht nur ..., sondern auch
No tengo más remedio que... Es bleibt mir nichts anderes übrig, als ...
noche *f* Nacht
noche *f* **de San Juan** Johannisnacht
Nochebuena Heiligabend
Nochevieja Silvester
noción *f* **(de)** Grundkenntnisse (in)
nocturno/-a nächtlich
nombrar (er)nennen

nombre *m* Name
norma Regel, Norm
normal normal
normalidad *f* Normalität
normalmente normalerweise
norte *m* Norden
Norteamérica Nordamerika
norteamericano/-a nordamerikanisch
Noruega Norwegen
noruego/-a norwegisch; Norweger/in
nos uns
nos complace + *inf* wir freuen uns …
nos es grato + *inf* wir freuen uns …
nosotros/-as wir
nota Note; Ton; Notiz
notar bemerken
noticia Nachricht
noticias Nachrichten
notificación *f* Mitteilung
notificar melden, bekanntgeben
novecientos/-as neunhundert
novedad *f* Neuheit
novela (policíaca) (Kriminal-)Roman
noveno/-a neunte/r/s
noventa neunzig
noviembre *m* November
novio/-a (feste/r) Freund/in
novios Brautpaar
nube *f* Wolke
nublado/-a bewölkt
nuclear Nuklear-, Kern-
nuestro/-a unser/e
Nueva York New York
Nueva Zelanda Neuseeland
nueve neun
nuevo/-a neu
Nuevo Mundo Neue Welt
número Zahl, Nummer; Anzahl
número de patente *(LA)* Nummernschild
número directo Durchwahl
numeroso/-a(s) zahlreich(e)
nunca nie

O

o oder
ó *(zwischen Zahlen)* oder
o bien oder aber
o sea que das heißt
obedecer *(zc)* gehorchen
obediente gehorsam
obispo Bischof
objetivo (Lern-)Ziel
objetivo/-a objektiv
objeto Objekt, Gegenstand
objetor *m* **de conciencia** Wehrdienstverweigerer
obligación *f* Verpflichtung
obligado/-a gezwungen, verpflichtet
obligar (a) zwingen (zu)
obligatorio/-a verpflichtend, obligatorisch
obra Werk; Stück
obra maestra Meisterwerk
obrero/-a Arbeiter/in
obsequio Gefälligkeit; Geschenk
observación *f* Beobachtung, Bemerkung
observador/a Beobachter/in
observar beobachten
obsesión *f* Zwangsvorstellung
obstáculo Hindernis
obtener *(vgl. tener)* erhalten, erzielen
ocasión *f* Gelegenheit
ocasional gelegentlich
occidental *m/f* Abendländer/in
occidente *m* **europeo** Westeuropa
Océano Atlántico Atlantik, atlantischer Ozean

ochenta achtzig
ocho acht
ochocientos/-as achthundert
ocio Muße, Nichtstun
octavo/-a achte/r/s
octubre *m* Oktober
ocupación *f* Beschäftigung
ocupado/-a beschäftigt; besetzt
ocupante *m/f* **del vehículo** Fahrzeuginsasse/-in
ocupar einnehmen, belegen
ocuparse de sich beschäftigen mit, aufpassen auf
ocurrir geschehen; sich ereignen
odiar hassen
odio Hass
odioso/-a verhasst, widerlich
oeste *m* Westen
ofensa Beleidigung
ofensivo/-a beleidigend
oferta Angebot
oferta de empleo Stellenangebot
ofertar anbieten
oficial offiziell
oficina Büro
oficina de extranjeros Ausländerbehörde
Oficina de Turismo Touristeninformation
ofrecer *(zc)* anbieten
ofrenda Gabe
oído Gehör(sinn)
¡Oiga! *(oír)* Hören Sie!
oír *(yo oigo)* hören
ojalá hoffentlich
ojo *m* Auge
¡Ojo! Aufgepasst!
oler *(yo huelo)* riechen
olímpico/-a olympisch
olla (exprés) (Schnell-)Kochtopf
olor *m* Geruch, Duft
olvidar vergessen
olvidarse de vergessen
ombligo Nabel
once elf
once *f (Chile)* Imbiss
ONU (= Organización de las Naciones Unidas) *f* UNO
opción *f* (Wahl-)Möglichkeit
ópera Oper
operación *f* Operation; Tätigkeit, Geschäft
operador/a Arbeiter/in
operador *m* **automático** automatische Bandansage
operar operieren; vorgehen, handeln
opinar meinen
opinión *f* Meinung
oportunidad *f* Chance, Gelegenheit
oportuno/-a angebracht, vorteilhaft
oposición *f* Opposition
optimismo Optimismus
optimista optimistisch
opuesto/-a gegensätzlich
oración *f* **condicional irreal** irrealer Bedingungssatz
oración *f* **condicional real** realer Bedingungssatz
oración *f* **de relativo** Relativsatz
oración *f* **interrogativa** Fragesatz
oración *f* **principal** Hauptsatz
oración *f* **subordinada** Nebensatz
oral mündlich
orden *f* Auftrag, Anweisung
Orden *f* **de Santiago** Jakobsorden
orden *m* Ordnung; Reihenfolge
orden *m* **del día** Tagesordnung
ordenado/-a ordentlich
ordenador *m* Computer
ordenador *m* **portátil** Laptop
ordenar ordnen; aufräumen; befehlen
oreja Ohr
orfebrería Goldschmiedekunst
organigrama *m* Organigramm

organización *f* Organisation
organizado/-a organisiert
organizador/a Veranstalter/in
organizador *m* **del discurso** Diskursmarker
organizar organisieren
órgano Organ
orgullo Stolz
orgulloso/-a stolz
orientación *f* Orientierung; Ausrichtung
oriental östlich, orientalisch
orientar ausrichten; einstellen
orientarse sich orientieren; sich ausrichten
Oriente *m* **Medio** Mittlerer Osten
origen *m* Herkunft
original originell; Original-
originario/-a (de) stammend, gebürtig aus
orilla Ufer
oro Gold
orquesta Orchester
orquídea Orchidee
ortografía Rechtschreibung
os euch
oscuridad *f* Dunkelheit
oscuro/-a dunkel
oso (de peluche) (Teddy-)Bär
otoño Herbst
otorgar verleihen
otra vez noch einmal, wieder
Otra vez será. Ein andermal.
otro/-a ein/e andere/r/s; noch ein/e
el otro día neulich
oveja Schaf
Oye. *(oír)* Hör mal.

P

p. o. (= por orden) i. A. (= im Auftrag)
Pachamama *(LA)* Mutter Erde
paciencia Geduld
paciente geduldig
paciente *m/f* Patient/in
Pacífico Pazifik
pacífico/-a friedlich
padecer *(zc)* leiden (an)
padre *m* Vater
padres *m* Eltern
padrino Taufpate
paella *spanisches Reisgericht*
pagadero/-a zahlbar
pagar(se) (be)zahlen
página Seite
página principal Homepage, Startseite
página web Homepage
pago Zahlung
país *m* Land
país *m* **de origen** Ursprungsland
país *m* **industrializado** Industriestaat
país *m* **miembro** Mitgliedsstaat
País *m* **Vasco** Baskenland
paisaje *m* Landschaft
Países *m* **Bajos** Niederlande
pájaro Vogel
palabra Wort
palabra clave Schlüsselwort
palacio Palast
palacio real Königspalast
palestino/-a palästinensisch; Palästinenser/in
paleta Palette
palmera Palme
palo (Holz-)Pfahl; Stiel
paloma Taube
palta *(LA)* Avocado
pampa *baumlose Grassteppe in Südamerika*
pan *m* Brot
panadería Bäckerei
panadero/-a Bäcker/in
Panamá Panama

panameño/-a panamaisch; Panamaer/in
panecillo Brötchen
pánico Panik
panorámico/-a Panorama-
pantalla (plana) (Flach-)Bildschirm
pantalla de proyección Leinwand
pantalón *m* Hose
pañuelo Tuch
papa *(LA)* Kartoffel
Papa *m* Papst
papagayo Papagei
papas arrugadas „runzelige Kartoffeln“ *(kanarische Spezialität)*
papel *m* Papier, Zettel; Rolle
papel *m* **higiénico** Toilettenpapier
papel *m* **reciclado** Recyclingpapier
papelera Papierkorb
paquete *m* Päckchen
par *m* Paar
para für; um zu
para mí für mich
para que damit
¿Para qué? Wozu?
parada Haltestelle
paradisíaco/-a paradiesisch
parada Haltestelle
parado/-a arbeitslos; Arbeitslose/r
parador *m* *staatliches spanisches Hotel*
paraguas *m* Regenschirm
Paraguay Paraguay
paraguayo/-a paraguayisch; Paraguayer/in
paraíso Paradies
paralelamente parallel; gleichzeitig
paralelo/-a parallel
parar(se) anhalten
parcial teilweise, Teil-
parecer *(zc)* (er)scheinen, aussehen (wie)
parecerse *(zc)* sich ähneln
parecido/-a ähnlich
pared *f* **(exterior)** (Außen-)Wand
pareja Partner/in; Paar
pariente *m/f* **(lejano/-a)** (entfernte/r) Verwandte/r
parlamento Parlament
paro Arbeitslosigkeit
parque *m* Park
parque *m* **de atracciones** Erlebnispark
parque *m* **eólico** Windpark
parque *m* **nacional** Nationalpark
parque *m* **natural** Naturpark, Naturschutzgebiet
parque *m* **zoológico** Zoo
párrafo Abschnitt
parte *f* Teil
parte *f* **del cuerpo** Körperteil
participación *f* Teilnahme, Mitwirkung
participante *m/f* Teilnehmer/in
participar (en) teilnehmen (an)
participio Partizip
particular eigen, individuell, typisch
particular *m* Privatperson
partido (de fútbol) (Fußball-)Spiel
partido (político) (politische) Partei
Partido Demócrata Cristiano Christlich Demokratische Partei
pasado Vergangenheit
pasado/-a vergangen
pasado mañana übermorgen
pasaje *m* Passieren; Überquerung; (Flug-/Schiffs-)Ticket
pasajero/-a vorübergehend; Reisende/r
pasaporte *m* Reisepass
pasar verbringen; passieren

pasar (por) vorbeikommen, vorbeiführen
pasar frío frieren
pasar la llamada (weiter)verbinden
pasarlo bien sich amüsieren
pasarlo mal leiden, schlecht gehen
pasatiempo Freizeitbeschäftigung
Pascua(s) Ostern
Pascua de Resurrección Ostersonntag
pase *m* Filmvorführung
Pase, pase. Herein.
pasear spazieren gehen
paseo Spaziergang; Promenade
pasillo Flur
pasión *f* Passion, Leidenschaft; Leidensweg
paso Schritt; Heiligenfigur
pasta Nudeln, Teigwaren; Teegebäck
pastel *m* Kuchen
pastilla Tablette
pastilla para dormir Schlaftablette
patada Fußtritt, Stampfen
patata Kartoffel
patatas bravas „wilde Kartoffeln“
patatas fritas Pommes frites
patio (Innen-)Hof, Hinterhof
pato Ente
Patrimonio de la Humanidad Weltkulturerbe
patrón/-ona Arbeitgeber/in; Schutzheilige/r
patrono/-a Arbeitgeber/in
patronal *f* Arbeitgeberverband
pausa Pause
paz *f* Frieden
peatón/-ona Fußgänger/in
pecho Brust, Brustkorb
pedazo Stück
pedido Bestellung, Auftrag
pedir *(i)* bitten um; bestellen
pegajoso/-a klebrig
pegar kleben
peinado Frisur
peinar kämmen
peinarse sich kämmen
pelar schälen
pelearse sich streiten
peletería Pelzgeschäft
película Film
película de acción Actionfilm
película de ciencia ficción Science-Fiction-Film
película de dibujos animados Zeichentrickfilm
película de miedo Thriller
película de terror Horrorfilm
película del oeste Western
película documental Dokumentarfilm
peligro Gefahr
peligroso/-a gefährlich
pelo Haar(e); Fell
pelota Ball
peluquería Friseur(salon)
peluquero/-a Friseur/in
pena Bedauern
pendiente unerledigt; ausstehend, fällig
península Halbinsel
Península Ibérica iberische Halbinsel
pensar *(ie)* denken; beabsichtigen
pensión *f* Pension
pensión *f* **completa** Vollpension
Pentecostés *m* Pfingsten
penúltimo/-a vorletzte/r
peor schlechter; schlechteste/r/s; schlimmer
pequeñez *f* Kleinheit; Kleinigkeit
pequeño/-a klein
percha Kleiderbügel
perder *(ie)* verlieren

perder *(ie)* **el autobús** den Bus verpassen
perder *(ie)* **la vida** sterben
perderse *(ie)* **(algo)** (etw.) verpassen, versäumen
pérdida Verlust
pérdida del tiempo Zeitverschwendung
perdiz *f* Rebhuhn
Perdón. Entschuldigung.
perdonar verzeihen
Perdone. Entschuldigen Sie.
peregrinación *f* Pilgerei
peregrino/-a Pilger/in
perfección *f* Perfektion, Vollkommenheit
perfeccionar vervollkommnen
perfectamente perfekt, einwandfrei
perfecto Perfekt
perfecto/-a perfekt
perfume *m* Parfüm
perfumería Parfümerie
perífrasis *f* Umschreibung
periódico Zeitung
periodista *m/f* Journalist/in
periodístico/-a Zeitungs-
período Zeitraum
período de gobierno Regierungszeit
período de prácticas Praktikum
período de prueba Probezeit
periquito Wellensittich
perjudicar schaden, (be)schädigen
perjuicio Schaden
perla Perle
permanente ständig, Dauer-
permiso Erlaubnis
permiso de conducir Führerschein
permiso de residencia Aufenthaltserlaubnis
permiso de trabajo Arbeitserlaubnis
permitir erlauben; ermöglichen
pero aber
perpendicular senkrecht
perro Hund
persecución *f* Verfolgung
persona Person
persona de confianza Person des Vertrauens
persona mayor ältere Person
persona sin casa Obdachlose/r
personaje *m* Figur, Person
personaje *m* **principal** Hauptdarsteller/in
personal persönlich
personal *m* Personal
personalidad *f* Persönlichkeit
personalmente persönlich
perspectiva Perspektive
pertenecer *(zc)* **a** gehören zu
Perú Peru
peruano/-a peruanisch; Peruaner/in
pesado/-a schwer; *(Person)* lästig
pesar wiegen
pesca Fischfang; Angeln
pescadería Fischgeschäft
pescado Fisch
pescador/a Fischer/in
pescar angeln, fischen
peseta Pesete
pesimismo Pessimismus
pesimista pessimistisch; Pessimist/in
peso Gewicht
peste *f* Pest
petición *f* Bitte
petróleo (Erd-)Öl
pez *m* *(lebendiger)* Fisch
pianista *m/f* Pianist/in
piano Klavier
picante scharf

picar hacken, zerkleinern; stechen; picken; knabbern
pico Schnabel; Spitze
picor *m* Juckreiz
pie *m* Fuß
piedra Stein
piedra preciosa Edelstein
piel *f* Haut; Schale
pierna Bein
pieza Stück; *(LA)* Zimmer
pila Batterie
píldora Pille
piloto *m/f* Pilot/in
pimentón *m* Paprika(pulver)
pimienta Pfeffer
pimiento Paprika
pincel *m* Pinsel
pincho Spieß
pincho de tortilla Tortillahäppchen
pingüino Pinguin
pintar (an)streichen; malen
pintor/a Maler/in
pintoresco/-a malerisch
pintura Gemälde; Malerei
pirámide *f* Pyramide
piraña Piranha
pirata *m* Pirat
Pirineos Pyrenäen
piropo Kompliment
pisar betreten
piscina Schwimmbad
piso Stockwerk
piso compartido Wohngemeinschaft
pista de tenis Tennisplatz
pizarra Tafel
placa eléctrica Elektroherd, -platte
placer *m* Freude, Vergnügen
plan *m* Plan, Vorhaben
plancha Bügeleisen
plancha de vapor Dampfbügeleisen
planchar bügeln
planear planen
planeta *m* Planet
planificación *f* Planung
plano (Stadt-)Plan; Grundriss
planta Stockwerk; Pflanze
planta baja Erdgeschoss
plantación *f* Plantage
plástico Plastik, Kunststoff
plata Silber
plátano Banane
plateresco/-a *(Baustil)* plateresk
plato Teller; Speise; Gang
playa Strand
plaza Platz; Sitzplatz
plaza de toros Stierkampfarena
plazo Frist
plazo de entrega Lieferfrist
plenamente voll und ganz
pleno Plenum
plomo Blei
plural *m* Mehrzahl
pluscuamperfecto Plusquamperfekt
población *f* Bevölkerung
pobre arm
pobrecito/-a (Du) Ärmste/r
pobreza Armut
poco/-a wenig
poco a poco nach und nach
poder *(ue)* können
poder *m* Macht, Kraft
poema *m* Gedicht
poesía Poesie; Gedicht
poeta / poetisa Dichter/in
polaco/-a polnisch; Pole/-in
policía *f* Polizei
policía *m/f* Polizist/in
política Politik
político/-a politisch; Politiker/in
politizar politisieren
póliza de seguro Versicherungspolice
pollo Hähnchen

polo Eis am Stiel
Polonia Polen
poner *(yo pongo)* setzen, stellen, legen
poner a prueba auf die Probe stellen
poner atención aufmerksam sein
poner con *(Telefon)* verbinden mit
poner de mal humor schlechte Laune bereiten
poner de patitas en la calle jmd. an die Luft setzen
poner en común zusammenstellen, -tragen
poner en práctica umsetzen, anwenden
poner excusas Entschuldigungen vorbringen
poner la mesa den Tisch decken
poner nervioso/-a nervös machen
ponerse (algo) sich (etwas) anziehen
ponerse (enfermo/-a) (krank) werden
ponerse a prueba sich unter Beweis stellen
ponerse crema sich eincremen
ponerse de acuerdo sich einigen
ponerse de buen / mal humor gute / schlechte Laune bekommen
ponerse de pie aufstehen, sich hinstellen
ponerse en contacto con sich in Verbindung setzen mit
ponerse rojo/-a rot werden
popular beliebt, Volks-
por wegen, durch, per, pro
por ahora einstweilen
por aquí hier in der Nähe
por casualidad zufällig
por ciento Prozent
por cierto übrigens
por correo aparte / separado mit getrennter Post
por correo certificado per Einschreiben
por cuenta propia auf eigene Faust
por debajo de unter
por donde wodurch
por ejemplo zum Beispiel
por ello deshalb
por encargo de im Auftrag von
por encima de todo trotz allem
por escrito schriftlich
por eso deshalb
por este motivo deshalb
por favor bitte
por fin endlich
por horas stundenweise
por la mañana morgens
por la noche abends, nachts
por la presente *(im Brief)* hiermit
por la tarde nachmittags, abends
por lo general im Allgemeinen
por lo menos mindestens
por mil Promille
por motivos… aus … Gründen
por nuestra parte unsererseits
por otra parte andererseits
¿Por qué? Warum?
por si acaso vorsichtshalber
por sí mismo/-a für sich selbst
por su cuenta selbstständig; auf eigene Faust
por su cuenta y riesgo auf Ihre Rechnung / Kosten und Gefahr
por suerte zum Glück, glücklicherweise
por supuesto selbstverständlich
por tanto folglich
por todas partes überall
por turnos reihum
por última vez zum letzten Mal
por último schließlich, zu guter Letzt

por una parte..., por otra einerseits ..., andererseits
porcelana Porzellan, Geschirr
porcentaje *m* Prozentsatz
porción *f* Portion
porque weil
portaequipajes *m* Gepäckträger, Jetbag
portaesquís *m* Skiträger
porteño/-a (Einwohner/in) von Buenos Aires
portero/-a Pförtner/in, Hausmeister/in
pórtico Säulengang
Portugal Portugal
portugués *m* Portugiesisch
portugués/-esa portugiesisch; Portugiese/-in
poseer besitzen
posesivo Possessivpronomen
posibilidad *f* Möglichkeit
posible möglich
posición *f* Position
positivo/-a positiv
postal *f* Ansichtskarte
póster *m* Poster, Plakat
postre *m* Nachtisch
postura (Körper-)Haltung
potencia Leistung(sfähigkeit)
potencial potenziell
pozo Brunnen
práctica Praxis
prácticamente praktisch, so gut wie
practicar (aus)üben, praktizieren
practicar surf surfen
prácticas Praktikum
práctico/-a praktisch
precaución *f* Vorsicht(smaßnahme)
precio Preis
precioso/-a wunderschön
precisamente genau; ausgerechnet
precisión *f* Genauigkeit
preciso/-a präzise, genau
precolombino/-a präkolumbisch
predecir *(vgl. decir)* vorhersagen
predicción *f* Vorhersage
preferencia Vorliebe
preferido/-a Lieblings-
preferir *(ie)* bevorzugen
prefijo (telefónico) Vorwahl
pregunta Frage
preguntar (por) fragen (nach)
preguntón/-ona hartnäckig fragend
prehistórico/-a vorgeschichtlich
preincaico/-a vorinkaisch
prejuicio Vorurteil
premio Preis; Prämie
Premio Nobel Nobelpreis
prenda (de ropa) Kleidungsstück
prensa Presse
preocupación *f* Sorge, Besorgnis
preocupado/-a besorgt
preocupar beunruhigen
preocuparse (de) sich Sorgen machen; sich kümmern um
preparación *f* Vorbereitung
preparado/-a bereit
preparar vorbereiten, zubereiten
preparativo Vorbereitung
preposición *f* Präposition
presencia Erscheinungsbild; Anwesenheit
presentación *f* Vorstellung, Präsentation
presentar vorstellen
presentar una queja sich beschweren
presentarse sich vorstellen
presente gegenwärtig
presente *m* Gegenwart
presentir *(ie)* vor(aus)ahnen
preservar schützen
presidente/-a Präsident/in
presidente/-a del gobierno Ministerpräsident/in
presión *f* Druck

preso/-a Häftling
prestar leihen
prestar atención Aufmerksamkeit schenken
prestar ayuda Hilfe leisten
prestigio Ansehen, Prestige
presupuesto Kostenvoranschlag; Etat, Budget
prevenir un peligro *(vgl. venir)* einer Gefahr vorbeugen
previsión *f* Vorhersage
previsto/-a vorgesehen
primavera Frühjahr
primer/a ministro/-a Premierminister/in
primero zuerst, als erstes; Vorspeise; 1. Stock
primero/-a erste/r/s
primitivo/-a primitiv
primo/-a Cousin / Cousine
principal Haupt-
principalmente hauptsächlich
príncipe *m* Prinz, Fürst
principiante *m/f* Anfänger/in
principio Anfang; Prinzip
prioridad *f* Vorrang
prisa Eile
privado/-a privat
probable(mente) wahrscheinlich
probador *m* Umkleidekabine
probar *(ue)* (aus)probieren
probarse *(ue)* anprobieren
problema *m* Problem
problemático/-a problematisch
procedencia Herkunft, Ursprung
procedente de (kommend) aus
procesión *f* Prozession
proceso de selección Auswahlverfahren
proclamación *f* Ausrufung
proclamar ausrufen; verkünden
proclamarse sich erklären zu
procurar versuchen
producción *f* Produktion; Schaffen
producir *(zc)* herstellen, erzeugen
producirse *(zc)* geschehen, sich ereignen
producto Produkt
productor/a Produzent/in
profe (= profesor/a) *m/f* Lehrer/in, Professor/in
profesión *f* Beruf
profesional beruflich, Berufs-; Berufstätige/r
profesionalidad *f* Professionalität
profesor/a Lehrer/in; Professor/in
profundidad *f* Tiefe
profundizar vertiefen
profundo/-a tief
programa *m* Programm
programa *m* **de elaboración de gráficos** Grafikprogramm
programa *m* **de entrevistas** Talkshow
programa *m* **de humor** Comedy-Sendung
programa *m* **de la tele** Fernsehsendung
programa *m* **de procesamiento de textos** Textverarbeitungsprogramm
programa *m* **del corazón** Lifestyle-Sendung
programa *m* **infantil** Kindersendung
programación *f* Programmierung
programador/a Programmierer/in
programar programmieren
progresar fortschreiten, sich weiterentwickeln
progreso Fortschritt
prohibición *f* Verbot
prohibido/-a verboten
prohibir *(í)* verbieten
prolongar verlängern
promedio Durchschnitt

promesa Versprechen
prometer versprechen
promoción *f* Werbung, Angebot
promover *(ue)* fördern
pronombre *m* Pronomen, Fürwort
pronombre *m* **de objeto** Objektpronomen
pronombre *m* **indefinido** unbestimmtes Pronomen
pronombre *m* **personal** Personalpronomen
pronombre *m* **posesivo** Possessivpronomen
pronombre *m* **relativo** Relativpronomen
pronóstico del tiempo Wettervorhersage
pronto bald
pronunciación *f* Aussprache
pronunciar aussprechen
propaganda Propaganda
propiedad *f* Eigentum, Besitz
propietario/-a Eigentümer/in
propina Trinkgeld
propio/-a eigen
proponer *(vgl. poner)* vorschlagen
proporción *f* Verhältnis
propuesta Vorschlag
prospecto Prospekt
¡Próspero Año Nuevo! Ein glückliches neues Jahr!
protagonista *m/f* Hauptdarsteller/in
protección *f* Schutz
proteger(se) (sich) schützen
protesta Protest
protestar protestieren, sich beschweren
proveniente de herkommend von / aus
provenir de *(vgl. venir)* herkommen von / aus
proverbio Sprichwort
provincia Provinz
provincial Provinz(ial)-
provisión *f* Vorrat
provocación *f* Provokation
provocar auslösen, hervorrufen
próximo/-a nächste/r/s; nahe (gelegen)
proyectar planen, entwerfen
proyecto Projekt
proyector *m* **de transparencias** Overheadprojektor
prueba Probe; Prüfung; Beweis
prueba de nivel Einstufungstest
Prueba General de Bachillerato Abitur-, Reifeprüfung
psicólogo/-a Psychologe/-in
publicación *f* Veröffentlichung
publicar veröffentlichen
publicidad *f* Werbung
público Publikum
público/-a öffentlich
pueblo Volk; Dorf
puede que + *subj* (es) kann sein, dass
puente *m* Brücke
puerta Tür; Gate, Flugsteig
puerto Hafen
Puerto Rico Puerto Rico
puertorriqueño/-a aus Puerto Rico; Puerto-Ricaner/in
pues nun …
puesta al día Aktualisierung
puesto (de trabajo) Arbeitsplatz, Stelle
puesto de socorro Rettungswache
puesto del mercado Marktstand
puesto directivo leitende Position
puesto que da (ja), weil
pulsar *(Taste)* drücken
punta Spitze
puntero láser Laserpointer
punto Punkt
punto común Gemeinsamkeit
punto de encuentro Treffpunkt

punto de interés Sehenswürdigkeit
punto de partida Ausgangspunkt
punto débil Schwäche
punto fuerte Stärke
punto guía Stichwort
puntuación *f* Punktzahl
puntual(mente) pünktlich
puré *m* Püree, Brei
puro/-a rein
púrpura purpurrot
PYMES (= pequeñas y medianas empresas) *f* Klein- und Mittelbetriebe

Q

que dass; *(Relativpronomen)* der / die / das
¡Que aproveche! Guten Appetit!
¡Que cumplas muchos más! Lange sollst du leben!
¡Que lo pases bien! Viel Spaß!
¡Que no! Nein!
¡Que se mejore! Gute Besserung!
¡Que sí! Doch!
¡Que te diviertas! Viel Spaß!
¡Que te mejores! Gute Besserung!
¡Que te vaya bien! Alles Gute!
... que viene nächste/r/s
¿Qué? Was? Welche/r/s?
¡Qué...! Wie ...! Was für ein/e ...!
¡Qué detalle! Wie aufmerksam!
¡Qué envidia! Wie ich dich beneide!
¿Qué hora es? Wie viel Uhr ist es?
¡Qué lástima! Wie schade!
¿Qué le parece...? Wie gefällt Ihnen ...?
¿Qué le pasa? Was fehlt Ihnen?
¡Qué mala pata! So ein Pech!
¡Qué pena! Schade!
¡Qué risa! (Wie) lustig!
¿Qué tal? Wie geht's? Wie ist ...?
¿Qué tiempo hace? Wie ist das Wetter?
¡Qué va! Ach was!
quechua *m* Ketschua *(indian. Sprache in Peru)*
quedar passen; sich verabreden; übrig sein
quedar en etw. ausmachen, vereinbaren, verbleiben
quedarse (con) bleiben; behalten
queja Klage, Beschwerde
quejarse sich beklagen, sich beschweren
quema Verbrennung
quemaduras de sol Sonnenbrand
quemar (ver)brennen
quemarse sich verbrennen
querer *(ie)* wollen, mögen
querer *(ie)* **decir** bedeuten
quererse *(ie)* einander lieben
quería *(querer)* ich hätte / würde gerne
querido/-a... liebe/r ...
quesadilla *(Mexiko) mit Käse gefüllter Maisfladen*
queso (manchego) Käse (aus der Mancha)
quetzal *m Wappenvogel Guatemalas*
¿Quién(es)? Wer?
química Chemie
quince fünfzehn
quince días vierzehn Tage
quinientos/-as fünfhundert
quinta parte *f* Fünftel
quinto 5. Stock
quinto/-a fünfte/r/s
quiosco Kiosk
quitar entfernen
quitarse (los zapatos) (die Schuhe) ausziehen
quizá(s) vielleicht

R

rábano Rettich
ración *f* Portion
racional rational; vernünftig
racionar rationieren, einschränken
racista rassistisch
radical radikal
radio *f* Radio
radiología Strahlenheilkunde
raíz *f* Wurzel
ramo Branche
ramo de flores Blumenstrauß
rana Frosch
ránking *m* Ranking, Rangliste
rapidez *f* Schnelligkeit
rápido/-a schnell
rara vez selten
raramente selten
raro/-a seltsam; selten
rascacielos *m* Wolkenkratzer
rasgo (Charakter-)Zug
rato Weile, Augenblick
ratón *m* *(auch Computer)* Maus
raya Linie; Streifen
razón *f* Grund; Recht; Vernunft
razonable vernünftig; angemessen
RDA (= República Democrática Alemana) *f* DDR (Deutsche Demokratische Republik)
reacción *f* Reaktion
reaccionar reagieren
real wirklich
realidad *f* Realität
realista realistisch
realizar verwirklichen, ausführen, machen
realizarse Wirklichkeit werden
realmente wirklich
rebaja Sonderangebot
rebajado/-a heruntergesetzt
recado Nachricht
recargar aufladen
recepción *f* Empfang, Erhalt
recepcionista *m/f* Empfangschef/-dame
receta (de cocina) (Koch-)Rezept
rechazar ablehnen
rechazo Zurückweisung, Ablehnung
recibir erhalten
recibo Empfang, Erhalt
reciclaje *m* Recycling
reciclar recyceln
recién frisch, soeben
reciente neue/r/s, jüngste/r/s
recientemente vor Kurzem
recipiente *m* Behälter, Gefäß
reclamación *f* Reklamation, Beschwerde
reclamar reklamieren, sich beschweren; mahnen; verlangen
reclamar daños y perjuicios Schadenersatz verlangen
reclutamiento Rekrutierung
recoger abholen; einsammeln; ernten, pflücken
recogida Einsammeln, Abholen; Entsorgung
recomendación *f* Empfehlung
recomendar *(ie)* empfehlen
reconocer *(zc)* (wieder-, an)erkennen
reconocimiento Anerkennung
reconquistar zurückerobern
reconsiderar revidieren
reconstrucción *f* Rekonstruktion, Wiederaufbau; Nachbau
reconstruir *(y)* rekonstruieren
recordar *(ue)* sich erinnern (an)
recorrer bereisen, zurücklegen, durchqueren
recorrido Strecke; Rundreise
recorrido en bote Bootsfahrt
recortable zum Ausschneiden
recorte *m* Kürzung

recreo (Schul-)Pause
recuerdo Erinnerung, Souvenir
recuperación *f* Wiedergewinnung, -beschaffung
recuperar wiedererlangen, zurückerobern
recuperarse sich erholen
recursos Mittel; Ressourcen; Redemittel
red *f* Netz, Internet
redactar verfassen
redistribuir *(y)* neu verteilen
redondo/-a rund
reducción *f* Reduzierung
reducido/-a klein, eng; reduziert, ermäßigt
reducir *(zc)* reduzieren, senken
reducirse *(zc)* zurückgehen
reembolso Nachnahme
reescribir neu schreiben
reestructurar umstrukturieren
referencia Referenz; Bezug; Bestell-, Auftragsnummer
referente a bezüglich
referirse *(ie)* **a** sich beziehen auf
reflejar(se) (sich) widerspiegeln
reflejo Reflex, (Wider-)Spiegelung
reflexivo Reflexivpronomen
reforma Reform
reformar reformieren, umgestalten
reformular umformulieren
refrán *m* Sprichwort
refrescar erfrischen; abkühlen
refresco Erfrischung(sgetränk)
refrigerador/a *(LA)* Kühlschrank
refugiado/-a Flüchtling
regalar schenken
regalo Geschenk
regar *(ie)* gießen
régimen *m* Regime
región *f* Region
regional regional
registrarse sich registrieren lassen
registro electoral Wählerverzeichnis
regla Regel
reglamento Vorschrift(en), Bestimmung(en)
regresar zurückkehren
regreso Rückkehr, -fahrt
regulación *f* Regelung, Regulierung
regular regulieren, einstellen
regular *(Adj)* regelmäßig; *(Adv)* es geht so
regularmente regelmäßig
reinventar neu erfinden
reír *(yo río)* lachen
reírse *(yo me río)* lachen
relación *f* Verhältnis; Zusammenhang
relación *f* **comercial** Geschäftsbeziehung
relacionado/-a con in Verbindung mit
relacionar verbinden
relacionarse con in Beziehung treten mit
relaciones *f* **personales** persönliche Beziehungen
Relaciones *f* **Públicas** Public Relations
relajado/-a entspannt
relajar lockern, entspannen
relajarse sich entspannen
relativamente relativ, ziemlich
relativo Relativpronomen
relativo/-a relativ
religión *f* Religion
religioso/-a religiös
rellenar ausfüllen
relleno Füllung
relleno/-a gefüllt
reloj *m* Uhr
relojería Uhrengeschäft
remedio (Heil-)Mittel

remitente *m* Absender
remitir (a) verweisen (auf); (zu)senden
renacentista Renaissance-
RENFE (= Red *f* **Nacional de Ferrocarriles Españoles)** *spanische Eisenbahn(gesellschaft)*
renovable erneuerbar
renta *(LA)* Miete
renuncia Verzicht
renunciar a verzichten auf
reparación *f* Reparatur
reparar reparieren
repartir verteilen
repasar wiederholen
repaso Wiederholung
repensar *(ie)* durchdenken, reflektieren
repetido/-a wiederholt
repetir *(i)* wiederholen
replantear neu konzipieren
reportaje *m* Bericht
reportero/-a Reporter/in
representación *f* Darstellung; Abbildung
representante *m/f* Vertreter/in
representar darstellen
representativo/-a repräsentativ
represión *f* Unterdrückung
reproductor *m* Laufwerk; Wiedergabegerät
reproductor *m* **MP3** MP3-Player
reptil *m* Reptil
República Checa Tschechische Republik
República Dominicana Dominikanische Republik
republicano/-a republikanisch; Republikaner/in
repuesto Ersatz
requerimiento de pago Zahlungsaufforderung
requerir *(ie)* (er)fordern, verlangen
requisito Voraussetzung
reserva Reserve, Vorrat; Reservierung
reserva biológica Biosphärenreservat
reserva nacional staatliches Naturschutzgebiet
reservado/-a zurückhaltend
reservar reservieren
resfriado Erkältung
resfriado/-a erkältet
residencia Wohnsitz; Aufenthalt
residencia universitaria Studentenwohnheim
residir wohnen
residuos Abfall, Müll
resistencia Widerstand
resistir standhalten
resolver *(ue)* lösen
respaldo Rückenlehne
respecto a in Bezug auf
respetar respektieren, einhalten
respeto Respekt
respetuoso/-a respektvoll
respiración *f* Atmung
respirar atmen
responder (a) antworten (auf), erwidern
responsabilidad *f* Verantwortung, Verantwortungsbewusstsein
responsable verantwortlich; verantwortungsbewusst
responsable *m/f* **de sistemas** Systemtechniker/in
respuesta Antwort
restaurado/-a restauriert
restaurante *m* Restaurant
resto Rest
restos sterbliche Überreste
restricción *f* Einschränkung
resulta que… es ist so, dass …
resultado Ergebnis
resultar sich erweisen als

resultar fácil / difícil leicht / schwer fallen
resumen *m* Zusammenfassung
resumir zusammenfassen
resurrección *f* Auferstehung
retener *(vgl. tener)* behalten
retirar wegnehmen; abheben
retirarse sich zurückziehen, zurücktreten
retrasarse sich verspäten
retraso Verspätung, Verzug
retribución *f* Vergütung
reuma *m* Rheuma
reunificación *f* Wiedervereinigung
reunión *f* Besprechung, Zusammenkunft
reunir *(ú)* (ver)sammeln, vereinigen
reunirse *(ú)* sich treffen
reutilizar wiederverwenden
revisor/a Schaffner/in
revista Magazin, Zeitschrift
revolución *f* Revolution
revolución *f* **sexual** sexuelle Revolution
revolucionario/-a revolutionär
revólver *m* Revolver
revuelto Rührei; „von allem etwas"
rey / reina König/in
Reyes Magos Heilige Drei Könige
rezar beten
rico/-a reich; lecker
riesgo Risiko
rima Reim
rincón *m* Ecke
río Fluss
riqueza Reichtum
riquísimo/-a sehr lecker
risa Lachen, Gelächter
ritmo Rhythmus
ritual rituell
ritual *m* Ritual
rizado/-a lockig
robar (be)stehlen
robo Diebstahl
rodaje *m* Dreharbeiten
rodar *(Film)* drehen
rodeado/-a (de) umgeben (von)
rodear umgeben
rodilla Knie
roedor *m* Nagetier
rogar *(ue)* bitten (um)
rojo/-a rot
rol *m* Rolle
rollo *(fam)* langweiliger Schinken
rollo (de papel) (Küchen-)Rolle
románico/-a romanisch
romano/-a römisch
romántico/-a romantisch
romería Wallfahrt
rompecabezas *m* schwieriges Rätsel
romper zerbrechen
romperse sich brechen; zerbrechen
ronda *(Getränke)* Runde
rondalla Straßenmusik, -musikanten
rondó *m* Rondo
ropa Kleidung
rosa rosa; Rose
rosado/-a rosa
roscón *m* **de reyes** Dreikönigskuchen
roto/-a kaputt
rubio/-a blond
rueda Rad
rueda de atrás / delante Vorder- / Hinterrad
rueda de prensa Pressekonferenz
ruido Lärm
ruidoso/-a laut
ruina Ruine
rumbo (Fahrt-)Richtung, Kurs
rural ländlich
Rusia Russland

ruso Russisch
ruso/-a russisch; Russe/-in
ruta Weg, Route
ruta de senderismo Wanderweg
ruta ecuestre Reitweg
rutina Routine, Gewohnheit
rutinario/-a Routine-

S

S.R.C. (= se ruega contestación) u. A. w. g. (= um Antwort wird gebeten)
sábado *m* Samstag
sábana Bettlaken
saber *(yo sé)* wissen; können
sabiduría popular Volksweisheit
sabor *m* Geschmack
sacacorchos *m* Korkenzieher
sacar (heraus)holen
sacar buenas notas gute Noten schreiben
sacar dinero Geld abheben
sacar el permiso de conducir den Führerschein machen
saco Sack
saco de dormir Schlafsack
saeta *gesungenes Stoßgebet*
safari *m* Safari
sagrado/-a heilig
sal *f* Salz
sala Saal; Wohnzimmer
sala de espera Wartezimmer, -saal
sala de estar Wohnzimmer
salado/-a salzig, versalzen
salario Lohn
salchicha Wurst, Würstchen
saldar be-, ausgleichen
saldo Saldo, Guthaben
salida Abfahrt, Abflug
salir *(yo salgo)* aus-, hinausgehen
salir bien gelingen, gut gehen
salir corriendo weglaufen, wegrennen
salmantino/-a aus Salamanca
salmón *m* Lachs
salón *m* Empfangssaal; Wohnzimmer
salsa Soße; Salsa *(lateinamerikan. Tanz)*
salteña *(Bolivien) gefüllte Teigtasche*
salud *f* Gesundheit
saludable gesund(heitlich)
saludar grüßen
saludarse sich begrüßen
saludo Gruß, Begrüßung
salvadoreño/-a aus El Salvador; Salvadorianer/in
salvaje wild
san / santo/-a heilig
sangre *f* Blut
sangría Rotweinbowle
sanidad *f* Gesundheit
sano/-a gesund
Santiago (Heiliger) Jakob(us)
santo/-a heilig; Heilige/r
santuario Heiligtum
sardina Sardine
sartén *f* Pfanne
satisfacción *f* Zufriedenheit
satisfacer *(vgl. hacer)* zufrieden stellen, befriedigen
satisfactorio/-a zufriedenstellend
satisfecho/-a zufrieden
sauna Sauna
saxofón *m* Saxofon
se man; sich
se requiere… gesucht / benötigt wird …
secador *m* Föhn
secar trocknen
sección *f* Abteilung
seco/-a trocken
secretaría Sekretariat(swesen)

secretaria (con idiomas) (Fremdsprachen-)Sekretärin
secretaria de dirección Direktionssekretärin
secretariado Sekretariat
secretario/-a Sekretär/in
secreto Geheimnis
sector *m* Sektor, Bereich
sector *m* **de la automoción** Automobilbranche
secuencia de tiempos Zeitenfolge
sed *f* Durst
seda Seide
seguir *(i)* weitergehen, folgen
seguir *(i)* + *Gerundium* weiterhin etwas tun
seguir *(i)* **adelante** weitergehen, vorwärts gehen
seguir *(i)* **igual** gleich bleiben
seguir *(i)* **sin** + *inf* etwas weiterhin nicht tun
según gemäß, nach, laut
según + *subj* je nachdem, ob
Segunda República Zweite Republik (1931–39)
segundo Hauptgericht; 2. Stock; Sekunde
segundo/-a zweite/r/s
seguramente sicherlich
seguridad *f* Sicherheit
seguridad *f* **social** Sozialversicherung
seguro Versicherung
seguro marítimo Seeversicherung
seguro obligatorio Pflichtversicherung
seguro/-a sicher
seguro que sicher(lich)
seis sechs
seiscientos/-as sechshundert
selectivo/-a selektiv, Wahl-
sello Stempel; Briefmarke
selva Urwald
semáforo Ampel
semana Woche
Semana Santa Karwoche
semanal wöchentlich, Wochen-
semejante ähnlich; solch
semilla Samen
seminario Seminar
señal *f* Signalton
señal *f* **de alarma** Alarmsignal
señal *f* **de bienvenida** Willkommensgruß
señalar signalisieren; zeigen; hinweisen auf
sencillez *f* Schlichtheit, Einfachheit
sencillo/-a einfach
senda Pfad, (Fuß-)Weg
senderismo Wandern
sendero Pfad
señor/a Herr / Frau
señoras y señores sehr geehrte Damen und Herren
señorita Fräulein
sensación *f* Gefühl
sensacional sensationell
sensibilizar sensibilisieren
sentar *(ie)* stehen, passen
sentarse *(ie)* sich setzen
sentencia (Sinn-)Spruch; Urteil
sentido (del humor) Sinn (für Humor)
sentimental sentimental
sentimiento Gefühl
sentir *(ie)* fühlen; bedauern, leidtun
sentirse *(ie)* sich fühlen
separación *f* Trennung
separado/-a getrennt
separar(se) (sich) trennen
septiembre *m* September
séptimo/-a siebte/r/s
sequía Dürre
ser sein
ser capaz de können, fähig sein zu

ser consciente de sich bewusst sein
ser *m* humano menschl. Wesen
ser *m* vivo Lebewesen
serie *f* Reihe; (Fernseh-)Serie
seriedad *f* Ernsthaftigkeit
serio/-a ernst
serpiente *f* Schlange
servicio Service, Dienstleistung
servicio militar Wehrdienst
servicio sanitario Gesundheitseinrichtung
servicio social sustitutorio Zivildienst
servicios Toiletten
servidor *m* Server
servilleta Serviette
servir *(i)* servieren
servir *(i)* de algo etwas nützen
servir *(i)* para dienen (zu)
servirse *(i)* sich bedienen
sesenta sechzig
setecientos/-as siebenhundert
setenta siebzig
severo/-a streng
sevillano/-a aus Sevilla
sexista sexistisch
sexo Geschlecht
sexto/-a sechste/r/s
sexual sexuell
si wenn, falls; ob
si no wenn nicht
sí ja
Sicilia Sizilien
siempre immer
siempre que + *subj* vorausgesetzt (dass)
siempre y cuando + *subj* vorausgesetzt (dass)
sierra Gebirge
siesta Mittagsruhe
siete sieben
siglo Jahrhundert
significado Bedeutung
significar bedeuten
signo Zeichen
siguiente folgende/r/s
sílaba Silbe
silbar pfeifen
silencio Ruhe, Stille; Schweigen
silencioso/-a schweigsam, schweigend, still
silla Stuhl
silla giratoria Drehstuhl
sillón *m* Sessel
simbólico/-a symbolisch
simbolizar symbolisieren
símbolo Symbol
similar ähnlich
simpático/-a sympathisch, nett
simple einfach, leicht
simplemente nur, bloß
simular spielen, simulieren
sin ohne
sin + *inf* ohne zu
sin duda zweifellos
sin embargo jedoch
sin otro particular, le saluda atentamente ich verbleibe mit freundlichen Grüßen
sin que + *subj* ohne dass
sin querer aus Versehen
sin razón grundlos
sinagoga Synagoge
sinceridad *f* Aufrichtigkeit
sincero/-a aufrichtig, ehrlich
sindicato Gewerkschaft
singular *m* Einzahl
siniestro Schadensfall
sino sondern
sinónimo Synonym
sinopsis *f* Zusammenfassung
sintético/-a synthetisch
síntoma *m* Symptom
sirena Sirene
sistema *m* System
sistema *m* educativo Bildungswesen

sistema *m* **sanitario** Gesundheitswesen
sistemático/-a systematisch
sitio Platz, Stelle
situación *f* Situation
situación *f* **geográfica** geographische Lage
situado/-a gelegen
sobrante übrig (geblieben)
sobrar übrig bleiben, zuviel sein
sobre über
sobre *m* (Brief-)Umschlag
sobre las cuatro gegen vier Uhr
sobre todo vor allem
sobrecito Tütchen
sobremesa *Zusammensitzen nach dem Essen*
sobrepasar überschreiten
sobrevivir überleben
sobrino/-a Neffe / Nichte
sociable gesellig
social gesellschaftlich
socialismo Sozialismus
socialista sozialistisch; Sozialist/in
sociedad *f* Gesellschaft
sociedad *f* **limitada** GmbH
socio/-a Mitglied; Gesellschafter/in, Teilhaber/in
socioeconómico/-a sozioökonomisch
sociólogo/-a Soziologe/-in
socorro Hilfe, Rettung
sofá *m* Sofa
sol *m* Sonne
solamente nur
soldado/-a Soldat/in
soledad *f* Einsamkeit
soler *(ue) + inf* etwas zu tun pflegen
solicitar beantragen; ersuchen
solicitar un puesto sich um eine Stelle bewerben
solicitud *f* Antrag
solicitud *f* **de empleo** Bewerbung(sschreiben)
solicitud *f* **de oferta** Anfrage
solicitud *f* **de trabajo** Bewerbung
solidaridad *f* Solidarität
solidario/-a solidarisch
sólido/-a fest, stabil
solista *m/f* Solist/in
solo/-a alleine
sólo nur; schon alleine
soltar el rollo *(fam)* herumlabern
soltero/-a ledig
solución *f* Lösung
solucionar *(Problem)* lösen
sombra Schatten
sombrerito Hütchen
sombrero Hut
somnolencia Schläfrigkeit, Müdigkeit
son las tres es ist drei Uhr
sonar *(ue)* ertönen; bekannt vorkommen
soñar (con) *(ue)* träumen (von)
sonido Ton, Klang
sonreír *(vgl. reír)* lächeln
sopa Suppe
soportar ertragen
soprano *f* Sopran
sorbete *m* Sorbet
sorprendente überraschend
sorprender überraschen
sorprenderse überrascht sein
sorprendido/-a überrascht
sorpresa Überraschung
sorteo Verlosung; *(Lotterie)* Ziehung
soso/-a fad
sospecha Vermutung, Verdacht; Misstrauen
sospechar vermuten; verdächtigen; misstrauen
sostenible nachhaltig, zukunftsorientiert
sótano Keller

su sein/e, ihr/e, Ihr/e
suave(mente) sanft
subdirector/a stellvertretende/r Direktor/in
subida Steigung; Anstieg
subir einsteigen; hinaufgehen, -fahren
súbito/-a plötzlich
subjetivo/-a subjektiv
subrayar unterstreichen
subsidio de desempleo Arbeitslosengeld
subte (= subterráneo) *m* *(LA)* Metro, U-Bahn
subtítulo Untertitel
suceder vorkommen, vorfallen
sucesivo/-a folgend
sucesivamente nacheinander; nach und nach
suceso Ereignis, Vorfall
sucio/-a schmutzig
sucursal *f* Niederlassung, Filiale, Zweigstelle
Sudamérica Südamerika
sudamericano/-a südamerikanisch
sudar schwitzen
sudeste *m* **asiático** Südostasien
Suecia Schweden
sueco/-a schwedisch; Schwede/-in
suegro/-a Schwiegervater/ -mutter
suegros Schwiegereltern
sueldo (negociable) Gehalt (nach Vereinbarung)
sueldo bruto Bruttogehalt
suelo Fußboden
sueño Schlaf, Schläfrigkeit; Traum
suerte *f* Glück
suficiente ausreichend, genügend
sufijo Nachsilbe
sufragar entrichten
sufrir (de) leiden (an); erleiden
sugerencia Vorschlag, Anregung
sugerir *(ie)* vorschlagen, nahelegen
Suiza Schweiz
suizo/-a Schweizer/in
sujeto Subjekt
sumar addieren, zusammenzählen
suministrar liefern
súper super
súper *m* Super(benzin)
superficial oberflächlich
superficie *f* (Ober-)Fläche
superficie *f* **de ventas** Verkaufsfläche
superior a über
superlativo Superlativ
supermercado Supermarkt
superstición *f* Aberglaube
suplemento Zuschlag, Aufpreis; (Zeitungs-)Beilage
suponer *(vgl. poner)* vermuten; bedeuten
suposición *f* Vermutung
supresión *f* Abbau, Abschaffung
sur *m* Süden
surgir entstehen
suroeste *m* Südwesten
surrealismo Surrealismus
surtir de / con versorgen mit
suspender durchfallen (lassen); suspendieren
sustantivo Substantiv
sustituir *(y)* ersetzen
susto Schreck
suyo/-a seine/r/s, ihre/r/s, Ihre/r/s

T

tabaco Tabak
tabla Tabelle
tabú *m* Tabu

tacita Tässchen
taco *(Mexiko) gefüllter Maisfladen*
tailandés/-esa thailändisch; Thailänder/in
taíno *Sprache / Ureinwohner der Dominikanischen Republik*
tal so, solch/e
tal para cual einer wie der andere
tal vez vielleicht
talento Talent, Begabung
talla (Konfektions-)Größe
taller *m* Werkstatt; Workshop
tamaño Größe
también auch
tambor *m* Trommel
tamborada Trommeln
tampoco auch nicht
tan… so …
tan… como so … wie
tanguería Tango-Bar
tanguero/-a Tango-
tanto/-a so viel
tanto… como so viel / sehr … wie; sowohl … als auch
tapa Appetithäppchen
tapar abdecken, bedecken
tapear durch Tapasbars ziehen
tapeo *Tour durch Tapasbars*
taquilla Kasse
tarántula Tarantel
tardar en + *inf* (Zeit) benötigen, um zu …
tarde spät
tarde *f* Nachmittag, Abend
tarea Aufgabe
tarea(s) de casa Hausarbeit
tareas domésticas Hausarbeit
tarifa Tarif, Gebühr
tarifa especial Sondertarif
tarifa fija Festpreis
tarjeta Karte
tarjeta de crédito Kreditkarte
tarjeta de embarque Bordkarte
tarjeta de felicitación Glückwunschkarte
tarjeta de pésame Beileidskarte
tarjeta de teléfono Telefonkarte
tarjeta postal Ansichtskarte
tarta Kuchen, Torte
tasa Rate
tasa de cancelación Stornierungsgebühr
tasa de natalidad Geburtenrate
tatarabuelo/-a Ururgroßvater/-mutter
taxi *m* Taxi
taxista *m/f* Taxifahrer/in
taza Tasse
te dir, dich
té *m* Tee
teatro Theater
techo Dach
tecla Taste
teclado Tastatur
técnica Technik
técnica de estudio Lerntechnik
técnico/-a technisch; Techniker/in, Fachmann/-frau
técnico/-a comercial Kaufmann/-frau
técnico/-a en comercio exterior Exportsachbearbeiter/in
tecnología Technologie
tecnológico/-a technologisch, technisch
tejido Stoff
tela Stoff
tele(visión) *f* Fernsehen
teleadicción *f* Fernsehsucht
teleadicto/-a fernsehsüchtig
telebasura „Fernseh-Müll"
telediario Nachrichten
telefonear telefonieren
telefónico/-a Telefon-
telefonista *m/f* Telefonist/in
teléfono Telefon
teléfono móvil Handy

telegrama *m* Telegramm
telenovela Seifenoper
teleserie *f* Fernsehserie
teletienda Teleshop
teletrabajo Telearbeit
televisión *f* Fernsehen
televisión *f* **por satélite** Satellitenfernsehen
televisor *m* Fernsehapparat
tema *m* Thema
temática Thematik
temblar *(ie)* zittern
temer fürchten
temor *m* Furcht, Befürchtung
temperamento Temperament
temperatura Temperatur
templo Tempel
temporada Saison
temporada de lluvias Regenzeit
temporal zeitlich befristet, Wechsel-
temporero/-a Aushilfs-
temprano/-a früh
tendencia Trend, Tendenz
tenedor *m* Gabel
tener *(yo tengo, ie)* haben
tener… años … Jahre alt sein
tener calor (einem) warm sein
tener cuidado aufpassen, vorsichtig sein
tener derecho a Anrecht haben auf
tener el gusto de das Vergnügen haben zu
tener en común gemeinsam haben
tener en consideración berücksichtigen, beachten
tener en cuenta in Betracht ziehen, bedenken
tener facilidad de trato con la gente gut mit Menschen umgehen können
tener ganas de Lust haben zu
tener lugar stattfinden
tener ojo vorsichtig sein
tener ojos de águila Adleraugen haben
tener pinta de so aussehen, als ob
tener que müssen
tener que ver con zu tun haben mit
tener un turno de palabra mit Reden an die Reihe kommen
tener una experiencia eine Erfahrung machen
tener vista de águila Adleraugen haben
tenis *m* Tennis
tensión *f* Spannung
teoría Theorie
teórico/-a theoretisch, Theorie-
tequila *m* Agavenschnaps
terapéutico/-a therapeutisch
terapia Therapie
tercera parte *f* Drittel
tercero 3. Stock
tercero/-a dritte/r/s
tercio Drittel
termales *f* Thermalquellen, -bad
termas Thermalbad
terminación *f* Endung
terminal *f* Endstation
terminar (be)enden
terminar con aufbrauchen
terminarse zu Ende gehen
término (Fach-)Ausdruck
termómetro Thermometer
termostato Thermostat
ternera Kalbfleisch
terraza Terrasse
terremoto Erdbeben
terreno Gelände, Gebiet, Bereich
terrible schrecklich
territorio Gebiet
territorio mundial Erdoberfläche
terror *m* Angst, Schrecken, Terror
terrorismo Terrorismus

terrorista *m/f* terroristisch; Terrorist/in
tesis *f* These
tesoro Schatz
testigo *m/f* Zeuge/-in
testimonio Aussage
textil Textil-
texto Text
tiburón *m* Hai
tiempo Zeit; Wetter
tiempo de entrega Lieferfrist
tiempo de ocio Freizeit
tiempo libre Freizeit
tienda Geschäft
tienda de campaña Zelt
tienda de recuerdos Souvenirladen
tienda electrónica Online-Shop
tierra Erde; Land; Welt
Tierra del Fuego Feuerland
tigre *m* Tiger
tijeras Schere
timbre *m* Klingel
tímido/-a schüchtern
tiniebla Finsternis
tinta Tinte; Farbe
tinto/-a *(Wein)* rot
(vino) tinto Rotwein
tío/-a Onkel / Tante
típico/-a typisch
tipo Typ; Art; *(fam)* Mann, Kerl
tipo de aprendiente Lernertyp
tipo de interés Zinssatz
tirar (weg)werfen
tirita (Heft-)Pflaster
titulación *f* akademischer Titel
titulado/-a diplomiert, Diplom-
titular *m* Schlagzeile
título Überschrift, Titel
Título de Bachiller Abitur-, Reifezeugnis
Título de Graduado en ESO mittlerer Bildungsabschluss
toalla Handtuch
tocar berühren; *(Instrument)* spielen; dran sein
tocar a la puerta an die Tür klopfen
tocar(le) la lotería im Lotto gewinnen
todavía noch
todavía no noch nicht
todo alles
todo/-a jede/r/s
todo el día den ganzen Tag
todo el mundo die ganze Welt, jedermann
todo/-a entero/-a ganz und gar
todo incluido alles inbegriffen
todo junto alles zusammen
todo lo relacionado con… alles in Verbindung mit …
todo recto geradeaus
todos/-as alle
todos los días jeden Tag
Todos los Santos Allerheiligen
tolerancia Toleranz
tolerante tolerant
tolerar tolerieren
toma del poder Machtübernahme
tomar nehmen; trinken, essen
tomar el poder die Macht ergreifen
tomar el pulso den Puls messen
tomar el sol sich sonnen
tomar en cuenta berücksichtigen
tomar en serio ernst nehmen
tomar nota sich Notizen machen
tomate *m* Tomate
tomo *(Buch)* Band
tonelada Tonne
tónica Tonic(wasser)
tono Ton, Stimmung
tontería Dummheit
tonto/-a dumm
tópico Klischee
torero/-a Stierkämpfer/in
tormenta Gewitter

toro Stier
toros Stierkampf
torre *f* Turm
torta *(LA)* Torte, Kuchen
tortilla Omelett; *(Spanien)* Kartoffelomelett; *(Mexiko)* Maisfladen
tortuga Schildkröte
tortura Folter
torturar quälen
tos *f* Husten
tostada *geröstete Weißbrotscheibe*
tostar *(ue)* toasten, rösten
total *(Adj)* vollständig; *(Adv)* kurz und gut
total *m* (Gesamt-)Summe
totalitario/-a totalitär
totalmente völlig, vollkommen
tour *m* Reise, Rundfahrt
trabajador/a arbeitsam, fleißig; Arbeiter/in
trabajador/a en casa Heimarbeiter/in
trabajar arbeiten
trabajo Arbeit
trabajo de media jornada Halbtagstätigkeit
trabajo manual körperliche Arbeit
trabajo por turnos Schichtarbeit
tractor *m* Traktor
tradición *f* Tradition
tradicional traditionell, traditionsreich
traducción *f* Übersetzung
traducir *(zc)* übersetzen
traductor/a Übersetzer/in
traer *(yo traigo)* (mit)bringen
tráfico Verkehr
tráfico de drogas Drogenhandel
trágico/-a tragisch
traje *m* Anzug, Kostüm
trámite *m* Formalität
trámite *m* **burocrático** Verfahrensweg

tranquilamente ruhig
tranquilidad *f* Ruhe
tranquilizar beruhigen
tranquilo/-a ruhig
transferencia Überweisung
transferencia bancaria Banküberweisung
transformación *f* Veränderung, Verwandlung
transformar ab-, um-, verwandeln
transición *f* Übergang
transmitir übermitteln
transparencia Folie
transparente durchsichtig
transportar transportieren
transporte *m* Beförderung
transportes *m* **públicos** öffentliche Verkehrsmittel
tranvía *m* Straßenbahn
trapo (de cocina) (Küchen-)Lumpen, Lappen
tras nach
trasladarse (a) sich begeben (nach); umziehen
trastorno Durcheinander, Störung, Schaden
tratamiento Behandlung
tratar behandeln
tratar de versuchen zu
tratarse de sich handeln um
trato Umgang(sformen)
travesura Streich
travieso/-a unartig, frech
trece dreizehn
treinta dreißig
tremendo/-a furchtbar
tren *m* Zug
tres drei
tres en raya *(Brettspiel)* Mühle
trescientos/-as dreihundert
tribunal *m* Gericht
triple *m* (das) Dreifache
triste traurig
tristeza Trauer

triunfar triumphieren; siegen
triunfo Triumph, Erfolg
trocito Stückchen
tropical tropisch
trozo Stück
trueque *m* Tausch(handel)
tu dein/e
tú du
tubérculo Knolle
tumba Grab
túnel *m* Tunnel
turco Türkisch
turco/-a türkisch; Türke/-in
turismo Tourismus
turismo rural Urlaub auf dem Bauernhof / Land
turista *m/f* Tourist/in
turístico/-a touristisch
turno Schicht
turquesa türkis
Turquía Türkei
turrón *m* *spanische Weihnachtssüßigkeit*
tutear duzen
tuyo/-a deine/r/s

U

u *(vor o-, ho-)* oder
últimamente in letzter Zeit
último/-a letzte/r/s
un / uno/-a ein / eine
un abrazo herzliche Grüße
un beso liebe Grüße
un par de… ein paar …
un poco (más) de… (noch) etwas …
una serie de eine Reihe von
únicamente ausschließlich, nur
único/-a einzige/r/s; einzigartig
unidad *f* Einheit, Lektion
unido/-a vereint; verbunden
uniforme einheitlich
uniforme *m* Uniform
unión *f* Vereinigung; Einigkeit
Unión *f* **Europea (UE)** Europäische Union
unir verbinden, vereinen
unirse sich vereinen; sich anschließen
unitario/-a Einheits-, einheitlich
universal universell, allgemeingültig
universidad *f* Universität
Universidad *f* **Popular** Volkshochschule
uno eins
uno / una eine/r/s
uno de cada diez jeder zehnte
unos / unas einige; *(vor Zahlen)* ungefähr
urbanista *m/f* Stadtplaner/in
urbanización *f* (Ferien-)Siedlung
urbano/-a Stadt-, städtisch
urbe *f* Stadt
urgente dringend
Uruguay Uruguay
uruguayo/-a uruguayisch; Uruguayer/in
usado/-a gebraucht
usar verwenden
uso Gebrauch
usted(es) Sie
usual üblich
usuario/-a Anwender/in
útil nützlich
utilidad *f* Nützlichkeit
utilizar benutzen
uva (Wein-)Traube

V

vaca Kuh
vacaciones *f* Ferien, Urlaub
vacío/-a leer
vago/-a faul; vage
vagón *m* (Eisenbahn-)Wagen
¡Vamos! Los! Auf!

vale einverstanden
valenciano/-a valenzianisch
valer *(yo valgo)* kosten; nutzen
valer la pena sich lohnen
válido/-a gültig
valija *(Argentinien)* Koffer
valle *m* Tal
valor *m* Wert
valoración *f* Bewertung, (Ein-)Schätzung
valorar bewerten, (ein)schätzen
vals *m* Walzer
vaqueros *m* Jeans
variable veränderlich
variado/-a verschieden
variar *(í)* wechseln, variieren, sich unterscheiden
variedad *f* Vielfalt
vario/-a verschieden
varios/-as mehrere, einige
vasco Baskisch
vaso Glas
¡Vaya! Na so etwas! Naja!
vecindad *f* Nachbarschaft
vecino/-a Nachbar/in
vegetación *f* Vegetation
vegetariano/-a vegetarisch; Vegetarier/in
vehículo Fahrzeug
veinte zwanzig
vejez *f* Alter
vela Kerze
velocidad *f* Geschwindigkeit
vencer (be)siegen; ablaufen
venda Binde, Verband
vendedor/a Verkäufer/in
vender verkaufen
Venecia Venedig
venezolano/-a venezolanisch; Venezolaner/in
Venezuela Venezuela
Venga. Los. Komm schon.
vengarse sich rächen
venir *(yo vengo, ie)* kommen
venta Verkauf
ventaja Vorteil
ventana Fenster
ver sehen, anschauen
ver la tele fernsehen
verano Sommer
verbo Verb
verbo reflexivo reflexives Verb
verdad *f* Wahrheit
¿Verdad? Nicht (wahr)?
verdadero/-a wahr, richtig
verde grün
verdulería Gemüseladen
verdura Gemüse
vergüenza Schande
vermut *m* Wermut
verse sich sehen; sich fühlen
verse obligado/-a (a) sich gezwungen sehen (zu)
versión *f* Fassung, Version
verso Vers(dichtung)
vertical senkrecht
¿Ves? *(LA)* Nicht (wahr)?
vestido Kleid
vestido/-a gekleidet
vestirse *(i)* sich anziehen, sich kleiden
veterinario/-a Tierarzt/-ärztin
vez *f* Mal
vía Weg
viajar reisen
viaje *m* Reise
viaje de negocios Geschäftsreise
viaje organizado Pauschalreise
viajero/-a reisend; Reisende/r
víctima Opfer
vida Leben
vida nocturna Nachtleben
vida personal Privatleben
vida sexual Sexualleben
vida útil Lebensdauer
vídeo Video(rekorder)
vidrio *(Material)* Glas
viejo/-a alt

V

Viena Wien
viento Wind
viernes *m* Freitag
Viernes *m* **Santo** Karfreitag
vigilar be-, überwachen
villancico Weihnachtslied
vinagre *m* Essig
vino Wein
vino rosado Roséwein
vino tinto Rotwein
violación *f* Verstoß
violencia Gewalt
violento/-a gewaltig, brutal
violeta violett
virgen *f* Jungfrau
virtual virtuell
virus *m* Virus
visa Visum
visión *f* **general** Überblick
visita Besichtigung; Besuch
visita guiada Führung
visita panorámica Besichtigungsfahrt
visitante *m/f* Besucher/in
visitar besichtigen
vista (al mar) (Meeres-)Blick
visual visuell, Seh-
vitamina Vitamin
viudo/-a Witwe/r
vivienda Wohnung
vivir leben, wohnen; erleben
vivo/-a lebendig, lebhaft
vocabulario Wortschatz
volar *(ue)* fliegen
volcán *m* Vulkan
volumen *m* Größe, Umfang
voluntad *f* Wille
voluntario/-a Freiwillige/r
volver *(ue)* zurückkehren
volver *(ue)* **a** + *inf* etwas wieder tun
volver *(ue)* **a lo anterior** zurückgehen
volverse *(ue)* **peligroso/-a** gefährlich werden
vomitar sich erbrechen
vos *(LA)* du
vosotros/-as ihr
votación *f* Abstimmung
votar wählen
voz *f* Stimme
voz *f* **activa** Aktiv
voz *f* **pasiva** Passiv
vuelo (directo) (Direkt-)Flug
vuelo de conexión Anschlussflug
vuelta Rückfahrt, -flug; Rundreise
vuestro/-a euer/e
vulgar ordinär, vulgär

Y

y und
ya schon
ya está schon fertig
ya no nicht mehr
ya que da, weil
yate *m* Yacht
yo ich
yo mismo/-a ich selbst
yogur *m* Joghurt

Z

zapatería Schuhgeschäft
zapatillas Hausschuhe
zapato Schuh
zapoteco *indian. Sprache Mexikos*
zona Gebiet
zona natural Klimazone
zona peatonal Fußgängerzone
zoo(lógico) Zoo
zorrito kleiner Fuchs, Babyfuchs
zorro/-a Fuchs / Füchsin
zumo Saft

Deutsch – Spanisch

A

ab *(zeitlich)* a partir de; desde
ab und zu de vez en cuando
Abbau supresión *f*
abbiegen girar, doblar
Abbildung ilustración *f*
abbremsen frenar
abdecken *(bedecken)* tapar, cubrir
abdrücken *(schießen)* disparar
Abend *(bis 20/21 Uhr)* tarde *f*; *(ab 20/21 Uhr)* noche *f*
Abendessen cena
Abendländer/in occidental *m/f*
abends por la noche
Abenteuer aventura
aber pero
Aberglaube superstición *f*
Abfahrt salida
Abfall residuos
Abflug salida
Abgabetermin fecha de entrega
abgeben devolver *(ue)* *(vgl. volver)*
abgesehen von aparte de
abhalten *(hindern)* impedir *(i)*
abhängen von depender de
Abhängigkeit dependencia
abheben *(Geld)* retirar, sacar
abholen buscar; *(einsammeln)* recoger
Abholen *(Einsammeln)* recogida
Abitur bachillerato
Abiturprüfung Prueba General de Bachillerato
Abiturzeugnis Título de Bachiller
abkühlen enfriar *(í)*; *(erfrischen)* refrescar
abkürzen acortar
Abkürzung abreviatura
Ablagekorb bandeja
ablaufen vencer
ablehnen rechazar
ableiten deducir *(zc)*
ablenken divertir *(ie)*
abnehmen *(zurückgehen)* disminuir *(y)*; *(Gewicht verlieren)* adelgazar
Abneigung desamor *m*
Abonnent/in abonado/-a
Abordnung delegación *f*
Abrakadabra abracadabra *m*
absagen cancelar
Abschaffung supresión *f*
Abscheu fobia
Abschied despedida
Abschleppwagen grúa
abschließen *(enden, beenden)* acabar
Abschluss conclusión *f*
Abschnitt etapa; *(im Text)* párrafo
Absender remitente *m*
Absicht *(Ziel)* fin *m*, finalidad *f*; intención *f*
absolut absoluto/-a
Abstimmung votación *f*
abstürzen *(PC)* bloquearse
absurd absurdo/-a
Abteil vagón *m*
Abteilung departamento, sección *f*
abwägen medir *(i)*
abwandeln transformar
Abwehrkräfte defensas
ach ah
Ach, komm! ¡Anda!
Ach was! ¡Qué va!
acht ocho
achte/r/s octavo/-a
achten auf fijarse en
achthundert ochocientos/-as
Achtung atención *f*
achtzehn dieciocho
achtzig ochenta
Ackerland campo
Actionfilm película de acción
adaptiert adaptado/-a
addieren sumar
Adjektiv adjetivo

Adler águila
Adleraugen haben tener vista / ojos de águila
adoptieren adoptar
Adoptivsohn/-tochter hijo/-a adoptivo/-a
Adressat/in destinatario/-a
Adresse dirección *f*
Advent adviento
Adverb adverbio
Affe mono
Afrika África
Afrikaner/in africano/-a
afrikanisch africano/-a
afrokaribisch afro-caribeño/-a
Agave agave *f*
Agavenschnaps tequila *m*
Agent/in agente *m/f*
Agentur agencia
aggressiv agresivo/-a
Agrar- agrícola
Ägypten Egipto
Ägypter/in egipcio/-a
ägyptisch egipcio/-a
ähneln parecerse *(zc)* a
ähnlich parecido/-a, similar, semejante
akademischer Titel titulación *f*
Akkreditiv carta de crédito
Akku acumulador *m*
Akkusativ acusativo
Akt acto
Aktenordner archivador *m*
Aktie acción *f*
aktiv activo/-a; emprendedor/a
Aktiv voz *f* activa
Aktivität actividad *f*
Aktualisierung puesta al día
Aktualität actualidad *f*
aktuell actual
Akzent acento
Alarmsignal señal *f* de alarma
Alkohol alcohol *m*
alkoholisch alcohólico/-a
alle todos/-as
Allee avenida (Avda.)
allein solo/-a
allein erziehende Mutter madre soltera
Allergie alergia
eine Allergie auslösen dar alergia
Allerheiligen Todos los Santos
Allerseelen Día *m* de los Muertos
alles todo
Alles Gute! *(Viel Glück)* ¡Que te vaya bien!
Alles Gute zum Geburtstag! ¡Feliz cumpleaños!
allgemein general
im Allgemeinen en general, generalmente, por lo general
allgemeingültig universal
Alltag vida diaria
alltäglich cotidiano/-a
Alphabet alfabeto
als como; en plan de; *(zeitlich)* cuando
als erster antes que nadie
als ob como si
also entonces, de modo que
alt viejo/-a; *(ehemalig)* antiguo/-a
Altar altar *m*
Alter *(Anzahl der Jahre)* edad *f*, antigüedad *f*; *(Lebensabschnitt)* vejez *f*
älter mayor
ältere Menschen mayores *m*
ältere Person persona mayor
altern envejecer *(zc)*
alternativ alternativo/-a
Alternative alternativa
älteste/r/s mayor
Aluminium aluminio
am meisten más
am wenigsten menos
Amazonasgebiet Amazonía
Amerika América
Amerikaner/in americano/-a

amerikanisch americano/-a
Ampel semáforo
Amt autoridad *f*
sich amüsieren *(sich vergnügen)* divertirse *(ie)*, pasarlo bien
an *(neben)* junto a
Analyse análisis *m*
analysieren analizar
anbauen cultivar
anbei adjunto
anbieten ofrecer *(zc)*; *(Waren)* ofertar
An-Bord-Gehen embarque *m*
Andalusien Andalucía
Andalusier/in andaluz/a
andalusisch andaluz/a
Anden Andes *m*
Anden- andino/-a
andere/r/s otro/-a
die anderen los / las demás
andererseits por otra parte
ändern cambiar
andernfalls en caso contrario, de lo contrario, de otra forma
anders *(Adj)* diferente; *(Adv)* de otra forma / manera
anderthalb Kilo un kilo y medio
Änderung cambio
Anekdote anécdota
anekeln dar asco
anerkennen reconocer *(zc)*
Anerkennung reconocimiento
Anfang comienzo, principio
am Anfang al principio
anfangen zu empezar *(ie)* a + *inf*
Anfänger/in principiante *m/f*
anfänglich inicial
Anfangs- inicial
anfertigen elaborar
Anforderung exigencia
Anfrage solicitud *f* de oferta
Angabe indicación *f*; dato
Angaben datos
angeben *(nennen)* indicar, *(genau ~)* especificar
Angebot *(Vorschlag; in der Wirtschaft)* oferta; *(Werbe-)* promoción *f*
angebracht oportuno/-a
angeheiratete Verwandtschaft familia política
Angeklagte/r acusado/-a
Angelegenheit asunto
angeln pescar
Angeln pesca
Angelsachse/-sächsin anglosajón/-ona
angelsächsisch anglosajón/-ona
angemessen razonable, conveniente
angenehm agradable; *(Begrüßung)* mucho gusto
angeschlossen conectado/-a
angesichts ante
Angestellte/r empleado/-a
Anglistik Filología Inglesa
angreifen atacar
Angriff ataque *m*
Angst miedo, ansiedad *f*, *(starke ~)* terror *m*
Angst machen dar miedo
anhalten *(stoppen)* parar(se); *(Fahrzeug, Uhr)* detener *(vgl. tener)*
Anhänger/in *(Sport)* aficionado/-a; fanático/-a
Animation animación *f*
animieren animar
anklicken hacer clic (en)
ankommen llegar
ankündigen anunciar
Ankunft llegada
Anlage *(Beilage)* anexo; *(technisch)* instalación *f*
anleuchten alumbrar
Anmeldung inscripción *f*
annähernd cerca de

Annahme aceptación *f*
annehmbar aceptable
annehmen *(akzeptieren)* aceptar, admitir; *(Religion, Meinung, Kind)* adoptar; *(vermuten)* asumir
Annehmlichkeit comodidad *f*
anonym anónimo/-a
anordnen ordenar
anpassen adaptar
sich anpassen adaptarse
anpassungsfähig adaptable
anprobieren probarse *(ue)*
Anrecht haben auf tener derecho a
Anrede encabezamiento
anregen animar; *(vorschlagen)* sugerir *(ie)*
Anregung sugerencia
anreichern enriquecer *(zc)*
Anruf llamada
Anrufbeantworter contestador *m* automático
anrufen llamar
anschließen *(technisch)* conectar
sich anschließen (an) unirse, asociarse (con)
nicht angeschlossen desconectado/-a
anschließend a continuación
Anschlussflug vuelo de conexión
ansehen mirar, ver
Ansehen prestigio
Ansichtskarte (tarjeta) postal *f*
anspringen *(Auto)* arrancar
anspruchsvoll exigente
anstatt en vez de
anstelle von en lugar de
anstellen *(beschäftigen)* contratar
Anstieg subida
Anstoßen brindis *m*
anstreichen pintar
sich anstrengen esforzarse *(ue)*
Anstrengung esfuerzo
Antrag solicitud *f*
Antwort respuesta, contestación *f*
antworten (auf) contestar; responder (a)
Anwalt / Anwältin abogado/-a
Anweisung indicación *f*; *(Befehl)* orden *f*, instrucción *f*
anwenden poner en práctica
Anwender/in usuario/-a
Anwesenheit presencia
Anzahl número
Anzeige *(Inserat)* anuncio
anzeigen *(ankündigen)* indicar
anziehen atraer *(vgl. traer)*; *(Kleidung)* ponerse
sich anziehen vestirse *(i)*
Anziehungspunkt atractivo
Anzug traje *m*
anzünden encender *(ie)*
Aperitif aperitivo
Apfel manzana
Apostel apóstol *m*
Apotheke farmacia
Apparat aparato, máquina
Am Apparat. Al aparato.
Appartement apartamento
Appetit apetito
Appetithäppchen tapa
April abril *m*
apropos hablando de, a propósito de
Aquarium acuario
Äquatorialguinea Guinea Ecuatorial
Araber/in árabe *m/f*
arabisch árabe
Arbeit *(Tätigkeit)* trabajo, labor *f*; *(fam)* curro
arbeiten trabajar
Arbeiter/in trabajador/a, obrero/-a, operador/a
Arbeitgeber/in patrón/-ona, patrono/-a

Arbeitgeberverband patronal *f*, confederación *f* de empresarios
Arbeits- laboral
arbeitsam trabajador/a
Arbeitserlaubnis permiso de trabajo
arbeitslos desempleado/-a, parado/-a
Arbeitslose/r desempleado/-a, parado/-a
Arbeitslosengeld subsidio de desempleo
Arbeitslosigkeit desempleo, paro
Arbeitsmittel elemento de trabajo
Arbeitsplatz puesto de trabajo
Arbeitsstätte centro de trabajo
Arbeitstag jornada
Arbeitswelt mundo laboral
Arbeitszeit horario (de trabajo)
archäologisch arqueológico/-a
Architekt/in arquitecto/-a
architektonisch arquitectónico/-a
Architektur arquitectura
Archiv archivo
Argentinien Argentina
Argentinier/in argentino/-a
argentinisch argentino/-a
sich ärgern enfadarse
Argument argumento
argumentieren argumentar
arm pobre
Arm brazo
Armee ejército
(Du) Ärmste/r pobrecito/-a
Armut pobreza
arrogant arrogante
Art *(Klasse)* clase *f*, tipo; *(Biologie)* especie *f*
Art und Weise forma, manera, modo
Artenschutz conservación *f* de las especies
Artikel artículo
artistisch artístico/-a
Arzt / Ärztin médico/-a
ärztlich médico/-a
Arztpraxis consulta del médico
Aschenputtel Cenicienta
Asiat/in asiático/-a
asiatisch asiático/-a
Asien Asia
Aspekt aspecto
Aspirin aspirina
assistieren asistir
assoziieren asociar
Ästhetik estética
ästhetisch estético/-a
Asthma asma
Asthmaanfall ataque *m* de asma
Astronomie astronomía
Asyl asilo
Atemübungen ejercicios de respiración
atheistisch ateo/-a
Athen Atenas
Atlantik (Océano) Atlántico
atlantischer Ozean Océano Atlántico
atmen respirar
Atmosphäre ambiente *m*
Atmung respiración *f*
Attentat atentado
Attest *(ärztliches ~)* certificado médico
Attraktion atracción *f*, atractivo
attraktiv atractivo/-a
auch también
auch nicht tampoco
auditiv auditivo/-a
auf sobre, en, encima de
Auf! ¡Vamos!
auf diese Weise de esta forma, de esta manera
auf eigene Faust por su cuenta, por cuenta propia
Auf gar keinen Fall! ¡Ni hablar!
auf jeden Fall de todas maneras, en todo / cualquier caso

auf keinen Fall de ningún modo, de ninguna manera
auf Wiedersehen adiós
aufbewahren guardar, conservar
aufbrauchen terminar con
Aufenthalt *(Wohnort)* residencia; *(kurze Anwesenheit)* estancia
Aufenthaltserlaubnis permiso de residencia
Auferstehung resurrección *f*
aufessen comerse
auffallen llamar la atención
Auffassungsgabe entendimiento
aufführen *(auflisten)* detallar
Aufführung espectáculo
Aufgabe tarea
aufgeben *(Gepäck)* facturar
Aufgepasst! ¡Ojo!
aufgrund von a causa de, debido a
aufhalten detener *(vgl. tener)*
aufhören zu dejar de + *inf*
aufklären aclarar
aufladen recargar
auflegen *(Telefon)* colgar *(ue)*
auflösen liquidar
aufmerksam *(Adj)* atento/-a; *(Adv)* atentamente
aufmerksam sein poner atención
Wie aufmerksam! ¡Qué detalle!
Aufmerksamkeit atención *f*
Aufmerksamkeit erregen llamar la atención
Aufmerksamkeit schenken prestar atención *f*
Aufnahme *(auf Datenträger)* grabación *f*
aufnehmen *(empfangen)* acoger; *(im Verein)* admitir; *(auf Datenträger)* grabar
aufpassen (auf) *(aufmerksam sein)* tener cuidado; *(sich beschäftigen mit)* ocuparse de
Aufpreis suplemento
aufräumen ordenar
aufrechterhalten mantener *(vgl. tener)*
aufregen agitar
Aufregung agitación *f*
aufrichtig sincero/-a
Aufrichtigkeit sinceridad *f*
Aufruf llamamiento
aufschreiben anotar, apuntar
Aufschwung expansión *f*
Aufsehen erregend espectacular
aufstehen *(aus dem Bett)* levantarse; *(sich erheben)* ponerse de pie
auftauchen aparecer *(zc)*
sich aufteilen dividirse
Auftrag *(Bestellung)* pedido; *(Anweisung)* orden *f*
im Auftrag (i.A.) por orden (p.o.)
im Auftrag von por encargo de
Auftragsbestätigung confirmación *f* de pedido
Auftragsnummer referencia
Aufzug ascensor *m*
Auge ojo *m*
Augenblick momento, rato
im Augenblick de momento
Augenbraue ceja
August agosto
aus de, procedente de
aus Buenos Aires porteño/-a
aus Costa Rica costarricense
aus El Salvador salvadoreño/-a
aus Panama panameño/-a
aus Puerto Rico puertorriqueño/-a
aus Sevilla sevillano/-a
ausarbeiten elaborar
ausatmen expirar
Ausbildung formación *f*
ausblasen apagar
sich ausbreiten extenderse *(ie)*
Ausdehnung extensión *f*
Ausdruck expresión *f*

ausdrücken expresar
sich ausdrücken expresarse
Ausdrucksform manifestación *f*
Ausflug excursión *f*
einen Ausflug machen ir de excursión
Ausflügler/in excursionista *m/f*
Ausflugsboot golondrina
ausführen *(durchführen)* efectuar *(ú)*, realizar, llevar a cabo; *(Auftrag)* ejecutar; *(Arbeit)* desempeñar; *(exportieren)* exportar
ausführlich detallado/-a
Ausfuhrverbot embargo
ausfüllen rellenar
Ausgabe edición *f*
Ausgaben gastos
Ausgangspunkt punto de partida
ausgeben gastar
ausgebucht completo/-a
ausgeglichen equilibrado/-a
ausgegrenzt marginado/-a
ausgehen salir *(yo salgo)*
ausgehend von a partir de
ausgerechnet precisamente
ausgestreckt extendido/-a
ausgewogen equilibrado/-a
ausgezeichnet *(hervorragend)* excelente, magnífico/-a
Ausgleich compensación *f*
ausgleichen *(Mangel)* compensar; *(Konto)* saldar
ausgraben excavar
aushalten *(ertragen)* aguantar
Aushilfe temporero/-a
Aushilfs- temporero/-a
Ausland extranjero
Ausländer/in extranjero/-a
Ausländerbehörde departamento de Asuntos Extranjeros; oficina de extranjeros
ausländisch extranjero/-a, extraño/-a
Auslieferer distribuidor *m*
auslösen provocar
ausmachen *(bedeuten)* importar; *(betragen)* suponer; *(vereinbaren)* quedar (en); *(wichtig sein)* importar
Ausnahme excepción *f*
ausnutzen aprovechar, aprovecharse de
auspacken desembalar
ausreichend suficiente
ausreißen arrancar
ausrichten orientar
sich ausrichten orientarse
Ausrichtung orientación *f*
ausrollen estirar
ausrufen proclamar
Ausrufung proclamación *f*
sich ausruhen descansar
Ausrüstung equipamiento, equipo
Aussage *(Behauptung)* afirmación *f*; *(Zeugen-)* testimonio; *(rechtlich)* declaración *f*
ausschalten apagar
ausschließlich exclusivamente, únicamente
ausschneiden recortar
zum Ausschneiden recortable
ausschöpfen agotar
Ausschuss comisión *f*
Aussehen aire *m*; *(einer Person)* apariencia, aspecto (físico)
aussehen (wie) parecer *(zc)*, aparentar
aussehen, als ob tener pinta de
Außen- exterior
außer excepto, menos
außer Acht lassen desatender *(ie)*, ignorar
außerdem además
äußere/r/s exterior
außerehelich extramatrimonial
außergewöhnlich excepcional, extraordinario/-a

außerhalb (von) fuera (de)
äußern expresar; *(seine Meinung)* dar su opinión
äußerste/r/s extremo/-a
Aussprache pronunciación *f*
aussprechen pronunciar
ausstatten (mit) *(einrichten)* equipar; *(versorgen)* dotar de / con
Ausstattung equipamiento
ausstehend pendiente
aussteigen bajar
ausstellen *(Waren, Bilder)* exponer *(vgl. poner)*, exhibir
Ausstellung exposición *f*; *(Messe)* feria
Aussterben extinción *f*
Ausstrahlung *(Radio, TV)* emisión *f*
sich ausstrecken estirarse
Austausch intercambio
im Austausch (gegen) a cambio (de)
austauschen intercambiar
Austauschschüler/in estudiante *m/f* de intercambio
Australien Australia
Australier/in australiano/-a
australisch australiano/-a
ausüben *(Druck, Beruf, Macht, Einfluss)* ejercer; *(Amt)* desempeñar; *(praktizieren)* practicar
ausverkaufen agotar
auswählen elegir *(i)*, escoger
Auswahlverfahren proceso de selección
auswandern emigrar
Auswanderung emigración *f*
Ausweis carnet *m*
auswendig lernen aprender de memoria
ausziehen *(Kleidung)* quitarse; *(Wohnung)* irse (de casa)
Auszug *(Ausschnitt)* extracto
authentisch auténtico/-a
Auto coche *m*, automóvil *m*; *(LA)* auto, carro
mit dem Auto fahren ir en coche
Autobahn autopista
Autofahrer/in conductor/a, automovilista *m/f*
automatisch automático/-a
Automobil- automovilístico/-a
Automobilbranche sector *m* de la automoción
Automobilunternehmen empresa de automóviles
autonome Region *(Spanien)* Comunidad *f* Autónoma
Autonomie autonomía
Autor/in autor/a
Autorennen carrera de coches
Avocado aguacate *m*; *(LA)* palta
Avocadocreme guacamole *m*

B

Baby bebé *m*
Babyfuchs zorrito
Babysitter/in canguro *m/f*
Backenzahn muela
Bäcker/in panadero/-a
Bäckerei panadería
Backofen horno
Bad baño
(sich) baden bañar(se)
Badeort balneario
Badewanne bañera
Bahnhof estación *f* (de ferrocarril)
bald pronto
baldmöglichst a la mayor brevedad (posible)
Balearen Baleares *f*
Balkon balcón *m*
Ball pelota
Banane plátano
Band *(Buch)* tomo

Bandansage operador *m* automático
Bank banco
Bankgeschäfte tätigen manejar la cuenta del banco
Banküberweisung transferencia bancaria
bar en efectivo
Bär oso
Barbecue barbacoa
barfuß descalzo/-a
Bargeld efectivo
barock barroco/-a
Bart barba
basieren (auf) basar(se) (en)
Basilika basílica
Basis- básico/-a
Baskenland País *m* Vasco, Euskadi *m*
Basketball baloncesto
Baskisch vasco, euskera *m*
Batterie pila, batería
Bau construcción *f*
Bauch barriga
bauen construir *(y)*
Bauer / Bäuerin campesino/-a
Bauernhof granja
Baum árbol *m*
Baumwolle algodón *m*
Bauunternehmen compañía constructora
bayrisch bávaro/-a
beabsichtigen (zu) pensar *(ie)*
beachten tener en consideración, fijarse en
beachtlich considerable
Beamer cañón *m* de proyección
Beamter/-in funcionario/-a
Beamter/-in der Guardia Civil guardia *m/f* civil
beanstanden reclamar
beantragen solicitar
beantworten contestar
beauftragen encargar; contratar
beauftragt encargado/-a
Beauftragte/r encargado/-a
sich bedanken dar las gracias
Bedarf demanda
bedauerlich lamentable
bedauern lamentar, sentir *(ie)*
Bedauern pena; lástima
bedecken cubrir, tapar
bedeckt cubierto/-a
bedenken tener en cuenta
bedeuten significar, querer *(ie)* decir, suponer *(vgl. poner)*
bedeutend importante
Bedeutung *(Sinn)* significado; *(Wichtigkeit)* importancia
sich bedienen servirse *(i)*
Bedingung condición *f*
Bedingungsform condicional *m*
Bedingungssatz oración *f* condicional
bedrohen amenazar
Bedürfnis necesidad *f*
bedürftig necesitado/-a
beeindrucken impresionar
beeinflussen influir *(y)*
beenden acabar, terminar, finalizar
beerdigen enterrar *(ie)*
Beerdigung entierro, funeral *m*
befehlen ordenar
Befehlsform imperativo
befeuchten mojar
sich befinden *(sein)* estar *(yo estoy)*, encontrarse *(ue)*
Beförderung transporte *m*
befragen interrogar
befriedigen satisfacer *(vgl. hacer)*
befristet *(zeitlich)* temporal
Befürchtung temor *m*
Begabung talento
sich begeben (nach) trasladarse (a)
Begegnung encuentro
begehen *(Fehler, Verbrechen)* cometer

begeistern encantar
begeistert entusiasta
Begeisterung entusiasmo
Beginn inicio, principio
zu Beginn (von) a principios (de)
beginnen comenzar *(ie)*, empezar *(ie)*, iniciar
beglaubigt certificado/-a
begleichen *(Rechnung)* saldar; *(Rechnung, Schuld)* liquidar
begleiten acompañar
Begleitumstand circunstancia
Begleitung compañía
begraben enterrar *(ie)*
begrenzen limitar
Begrenzung limitación *f*
Begriff concepto
sich begrüßen saludarse
Begrüßung saludo
behalten *(sich merken)* retener *(vgl. tener)*; *(nicht abgeben)* quedarse con
Behälter envase *m*, recipiente *m*
behandeln tratar
Behandlung tratamiento
behaupten afirmar
beherrschen dominar
Beherrschung dominio
behindert discapacitado/-a
Behinderte/r discapacitado/-a
Behinderung hándicap *m*
Behörde autoridad *f*
bei *(Wohnbereich)* en casa de; con
beibehalten conservar
beide ambos/-as, los / las dos
Beilage *(Zeitungs-)* suplemento
beilegen *(beifügen)* adjuntar
Beileid aussprechen dar el pésame
Beileidskarte tarjeta de pésame
beiliegend *(Adj)* adjunto/-a; *(Adv)* adjunto
beim al + *inf*; a la hora de + *inf*
Bein pierna
beinhalten incluir *(y)*, contener *(vgl. tener)*
Beispiel ejemplo, *(Modell)* modelo
zum Beispiel por ejemplo
beißen morder *(ue)*
Beitrag contribución *f*
beitragen (zu) contribuir *(y)* (a), aportar
bekämpfen combatir
bekannt conocido/-a
bekannt machen dar a conocer
bekannt vorkommen sonar *(ue)*
Bekannte/r conocido/-a
bekanntgeben notificar
sich beklagen quejarse
Beklemmung ansiedad *f*
bekommen *(Krankheit)* coger
sich belaufen auf ascender *(ie)* a
Beleg comprobante *m*
belegen *(Platz)* ocupar; *(mit Dokumenten)* justificar
belegt sein *(Telefon)* estar comunicando
beleidigend ofensivo/-a
Beleidigung ofensa, insulto
Belgien Bélgica
Belgier/in belga *m/f*
belgisch belga
Belieben gusto
nach Belieben al gusto
beliebt popular
bemerken *(wahrnehmen)* darse cuenta (de), notar; *(hinweisen auf)* advertir *(ie)*
Bemerkung observación *f*
sich bemühen esforzarse *(ue)*
benachrichtigen avisar
Benachrichtigung aviso
benötigen necesitar
benötigt wird ... se requiere...
benutzen utilizar
Benzin gasolina
beobachten observar

Beobachter/in observador/a
Beobachtung observación *f*
bequem cómodo/-a, confortable
beraten asesorar
Berater/in asesor/a
Beratung asesoría; consulta
Beratungsstelle consultorio
berechnen *(verlangen)* cobrar
Berechnung cálculo
Bereich *(Fläche, Gebiet)* ámbito; *(Sachgebiet)* terreno, sector *m*
bereichern enriquecer *(zc)*
Bereicherung enriquecimiento
bereisen recorrer
bereit (zu) *(gewillt)* dispuesto/-a (a); *(fertig)* listo/-a, preparado/-a
Bereitschaftsapotheke farmacia de guardia
Berg monte *m*, montaña
Bergbau- minero/-a
Bergsteigen montañismo
Bergwerk mina
Bericht *(TV, Radio)* reportaje *m*; informe *m*
berücksichtigen tomar en cuenta, tener en consideración *f*; atender *(ie)*
Beruf profesión *f*; *(Berufstätigkeit)* actividad *f* laboral
beruflich profesional
beruflich tun dedicarse a
Berufs- profesional
Berufsausbildung formación *f* profesional
Berufserfahrung experiencia profesional / laboral
Berufstätige/r profesional *m/f*
Berufstätigkeit actividad *f* laboral
beruhigen tranquilizar
berühmt famoso/-a
berühren tocar
beschädigen dañar, perjudicar
beschädigt en malas condiciones
Beschädigung deterioro, desperfecto
beschäftigen ocupar; *(einstellen)* emplear
sich beschäftigen mit ocuparse de
beschäftigt ocupado/-a
Beschäftigung *(geistige Auseinandersetzung)* dedicación *f*; *(Tätigkeit)* ocupación *f*; *(Beruf)* actividad *f* laboral
bescheiden modesto/-a
Bescheinigung *(Vorgang)* certificación *f*; *(Schriftstück)* comprobante *m*
beschließen decidir
beschränkt limitado/-a
beschreiben describir
Beschreibung descripción *f*
Beschwerde *(Klage)* queja; *(Reklamation)* reclamación *f*
sich beschweren quejarse, presentar una queja; *(protestieren)* protestar; *(reklamieren)* reclamar
beseitigen eliminar
Beseitiger eliminador *m*
Beseitigung eliminación *f*
Besen escoba
besetzt ocupado/-a
besichtigen visitar
Besichtigung visita
Besichtigungsfahrt visita panorámica
Besiedlung colonización *f*
besiegen vencer
Besitz propiedad *f*; *(Güter)* bienes *m*
im Besitz von en posesión de
besitzen poseer
Besitzer/in dueño/-a, propietario/-a
besondere/r/s especial
besonders especialmente

besorgen facilitar
Besorgnis *(Sorge)* preocupación *f*
besorgt preocupado/-a
Besprechung reunión *f*
in einer Besprechung sein estar reunido/-a
besser mejor
besser werden *(sich verbessern)* mejorar(se)
bestätigen afirmar; *(These, Urteil)* confirmar; *(amtlich)* certificar
Bestätigung confirmación *f*
beste/r/s mejor
bestehen (aus) *(Prüfung, Test)* aprobar *(ue)*; *(sich zusammensetzen aus)* constar (de)
darauf bestehen insistir (en)
darin bestehen consistir en
bestehlen robar
bestellen pedir *(i)*
Bestellnummer referencia
Bestellung pedido
bestimmen (für) *(Termin, Preis)* determinar; *(ausersehen)* destinar (a)
bestimmt determinado/-a, definido/-a
Bestimmung(sort) destino
Bestimmungen reglamento
Besuch visita
zu Besuch kommen ir de visita
besuchen *(Person, Ort)* ir a ver, visitar; *(Besuch abstatten)* efectuar *(ú)* una visita; *(regelmäßig ~)* frecuentar
Besucher/in visitante *m/f*
sich beteiligen an compartir
beten rezar
Bethlehem Belén
in Betracht ziehen tener en cuenta
betrachten *(anschauen)* mirar; *(einschätzen)* considerar
Betrag *(wirtschaftlich)* importe *m*; *(Menge)* cantidad *f*
betragen ascender *(ie)* a
Betreff asunto
betreffen afectar (a)
betreten pisar
Betreuung cuidado; *(medizinisch)* atención *f*
Betrieb *(Tätigkeit)* funcionamiento
in Betrieb sein funcionar
Betriebsrat comité *m* de empresa
Betriebsstörung avería
Betrug engaño
betrügen engañar
Bett cama
zu Bett gehen acostarse *(ue)*
Bettlaken sábana
beugen flexionar
beunruhigen preocupar
Bevölkerung población *f*
bevollmächtigen autorizar
bevor antes de + *inf*, antes (de) que + *subj*
bevorzugen preferir *(ie)*
bewachen vigilar
bewaffnet armado/-a
bewahren conservar
bewegen mover *(ue)*
sich bewegen moverse *(ue)*; *(umziehen)* desplazarse
Beweggrund motor *m*
Beweglichkeit movilidad *f*
Bewegung movimiento
Beweis prueba
sich unter Beweis stellen ponerse a prueba
beweisen demostrar *(ue)*, comprobar *(ue)*
sich bewerben um solicitar
Bewerber/in candidato/-a
Bewerbung solicitud *f* de empleo / trabajo

Bewerbungsschreiben carta de presentación
bewerten valorar
Bewertung valoración *f*
Bewilligung concesión *f*
bewölkt nublado/-a
bewundern admirar
Bewunderung admiración *f*
sich bewusst sein ser consciente (de)
Bewusstsein conciencia
bezahlen pagar; *(finanzieren)* financiar
bezaubernd adorable
sich beziehen auf referirse *(ie)* a
Beziehung relación *f*
in Beziehung treten mit relacionarse con
Bezirk departamento
Bezug referencia
in Bezug auf en / con referencia a, (con) respecto a, acerca de
Bezug nehmen auf hacer referencia a
bezüglich en relación a, referente a
bezweifeln dudar
Bibel Biblia
Bibliothek biblioteca
biegen doblar
Biene abeja
Bier cerveza, *(kleines gezapftes)* caña
Bild imagen *f*
sich ein Bild machen hacerse una idea
Bildagentur agencia fotográfica
bilden formar; constituir *(y)*; *(Mannschaft)* integrar
sich bilden *(entstehen)* formarse
Bildhauer/in escultor/a
Bildschirm pantalla
Bildung formación *f*
Bildungseinrichtung institución *f* educativa
Bildungsmangel incultura
Bildungsminister/in Ministro/-a de Educación
Bildungswesen sistema *m* educativo
billig barato/-a
billigen aprobar *(ue)*, admitir
Binde venda
Bindestrich guión *m*
Binnen- interno/-a
Biografie biografía
biografisch biográfico/-a
Biologie biología
Biosphärenreservat reserva biológica
Biotop biotopo
bis (zu) hasta
bis bald hasta pronto
bis dass hasta que
bis gleich hasta luego
bis heute hasta la fecha
Bischof obispo
bitte por favor
Bitte petición *f*
bitten (um) rogar *(ue)*, pedir *(i)*
bitter amargo/-a
Blatt hoja
blau azul
Blei plomo
bleiben quedarse
Bleistift lápiz *m*
Bleistiftspitzer afilalápices *m*
Blick *(Aussicht)* vista, *(Hinsehen, Ausdruck)* mirada
auf den ersten Blick a simple vista
blind ciego/-a
Blindbewerbung carta de iniciativa propia
blinkend intermitente
blockieren bloquear
blond rubio/-a

bloß sólo, solamente; simplemente
Blume flor *f*
Blumen- floral
Blumenstrauß ramo de flores
Bluse blusa
Blut sangre *f*
Boden *(Grund)* fondo
Bohemien bohemio
Bohne judía; *(LA)* chaucha, frijol *m*
Bolivianer/in boliviano/-a
bolivianisch boliviano/-a
Bolivien Bolivia
Bologna Bolonia
Bombardierung bombardeo
Bombe bomba
Bonbon caramelo
Boot bote *m*
Bootsfahrt recorrido en bote
Bordkarte tarjeta de embarque
Börse Bolsa
böse *(verärgert)* enfadado/-a; *(schlecht)* malo/-a
böse werden enfadarse
Botschaft embajada
Botschafter/in embajador/a
Branche ramo
Brand incendio
Brasilianer/in brasileño/-a
brasilianisch brasileño/-a
Brasilien Brasil
Braten asado
Brauch costumbre *f*
brauchen necesitar
braun marrón
Brautpaar novios
sich brechen romperse
Brei puré *m*
breit ancho/-a; *(ausgedehnt)* amplio/-a
Breite ancho
Bremse freno
bremsen frenar
brennen *(Feuer)* arder; *(Material)* quemar
brennend abrasador/a
Brennholz leña
Brief carta
Briefkasten buzón *m*
Briefmarke sello
Briefpost correo
Brieftasche cartera
Briefumschlag sobre *m*
Brille gafas *f*; *(LA)* lentes *m*
bringen *(her-)* traer *(yo traigo)*; *(hin-)* llevar
jmd. dazu bringen, etw. zu tun llevar a alguien a
mit sich bringen implicar
Brise brisa
Brot pan *m*
Brötchen panecillo; *(belegtes ~)* bocadillo
Brücke puente *m*
Bruder hermano
Brunnen *(Spring-; Heilquelle)* fuente *f*; *(Schöpf-)* pozo
Brust(korb) pecho
brutal violento/-a
Bruttogehalt sueldo bruto
Buch libro
Buchhandlung librería
Buchmesse feria del libro
Buchstabe letra
buchstabieren deletrear
Budget presupuesto
Buffet buffet *m*
bügeln planchar
Bühne escenario
Bulgarien Bulgaria
Bundes- federal
bunt de color, colorado/-a
Bürger/in ciudadano/-a
Bürgerkrieg guerra civil
bürgerlich civil
Büro oficina
Bürokratie burocracia

Bürste cepillo
Bus autobús *m*; *(LA)* bus *m* (urbano), camión *m*, guagua, micro, colectivo
Büßer/in nazareno/-a
Butter mantequilla

C

Café café *m*, cafetería, chocolatería
Camping(platz) cámping *m*
Campus ciudad *f* universitaria
Cayennepfeffer chile *m*
CD CD *m*, cedé *m*, disco compacto
Cent céntimo
Champagner champán *m*
Champignon champiñón *m*
Chance oportunidad *f*
Chaos caos *m*
Charakter carácter *m*
charakterisieren caracterizar
Charakterisierung caracterización *f*
charakteristisch característico/-a
Charakterzug rasgo
Chat chat *m*
chatten chatear
Chef/in jefe/-a
Chemie química
Chile Chile
Chilene/-in chileno/-a
chilenisch chileno/-a
Chili chile *m*
China China
Chinese/-in chino/-a
Chinesisch chino
Cholesterin colesterol *m*
Chor coro
Christ/in cristiano/-a
christlich cristiano/-a
Christoph Kolumbus Cristóbal Colón
Christus Cristo
Chronik crónica
chronologisch cronológico/-a
circa alrededor de
Cocktail cóctel *m*
Comedy-Sendung programa *m* de humor
Compact Disc disco compacto, CD *m*
Computer ordenador *m*; *(LA)* computador/a
Costa-Ricaner/in costarricense *m/f*
costa-ricanisch costarricense
Cousin / Cousine primo/-a
Creme crema
cremig cremoso/-a
Croissant croasán *m*
Cursor cursor *m* (del ratón)

D

da *(dort)* allí, *(hier)* ahí; *(weil)* ya que, debido a (que), porque, puesto que
Dach techo
dafür *(für etwas)* a favor; *(im Tausch)* a cambio; *(zum Ausgleich)* en cambio
dagegen *(ablehnend)* en contra
daher de ahí
dahinter detrás
damals en esa / aquella época, entonces
Dame dama
damit para que + *subj*
Dämon demonio
Dampfbügeleisen plancha de vapor
danach después; a continuación
Däne/-in danés/-esa
daneben al lado
Dänemark Dinamarca
dänisch danés/-esa
dank ... gracias a

dankbar agradecido/-a
danke gracias
danken agradecer *(zc)*
dann luego, entonces; a continuación
darin dentro
darstellen *(abbilden)* representar; *(sein)* constituir *(y)*
Darstellung representación *f*
das *(das hier)* esto; *(das da)* eso
das heißt es decir, o sea que
das, was lo que
dass que
dasselbe lo mismo
Datei documento
Daten datos
Dativ dativo
Datum fecha
Dauer duración *f*
Dauer- permanente
Dauerauftrag domiciliación *f*
einen Dauerauftrag einrichten domiciliar
dauerhaft duradero/-a
dauern durar
davor delante
dazwischen en medio
DDR (= Deutsche Demokratische Republik) RDA (= República Democrática Alemana) *f*
Debatte debate *m*
debütieren debutar
dechiffrieren descifrar
Decke manta
decken *(bedecken)* cubrir
den Tisch decken poner la mesa
Deckung cobertura
Defekt defecto
definieren definir
Definition definición *f*
definitiv definitivo/-a
dein/e *(unbetont)* tu
deine/r/s *(betont)* tuyo/-a
Dekoration decoración *f*
dekorativ decorativo/-a
Delphin delfín *m*
Demokratie democracia
demokratisch democrático/-a
Demokratisierung democratización *f*
Demonstrant/in manifestante *m/f*
Demonstration manifestación *f*
Demonstrativpronomen (pronombre *m*) demostrativo
denken (an) pensar (en) *(ie)*
Denkmal monumento
denn … es que…
deponieren depositar
Depression depresión *f*
der / die / das *(Artikel)* el / la; *(Relativpronomen)* que
derart de tal manera
deren cuyo/-a
der-/dieselbe el / la mismo/-a
deshalb por ello, por eso, por este motivo
Design diseño
Designer/in diseñador/a
dessen cuyo/-a
Detail detalle *m*
detailliert *(Adj)* detallado/-a; *(Adv)* detalladamente
detailreich con detalle
deutsch alemán/-ana
Deutsch alemán *m*
Deutsche/r alemán/-ana
Deutschland Alemania
Devisen divisas
Dezember diciembre *m*
Dialekt dialecto
Dialog diálogo
Diät dieta
dich te
dicht impermeable
Dichter/in poeta / poetisa
dick gordo/-a
dick werden engordar
die *(Artikel)* la / los / las

Diebstahl robo
diejenigen, die los / las que
dienen (zu) servir *(i)* (para)
Dienstag martes *m*
Dienstleistung servicio
diesbezüglich al respecto
diese/r/s *(hier)* este/-a; *(da)* ese / esa
Digital- digital
Digitalkamera cámara digital
Diktat dictado
Diktatur dictadura
diktieren dictar
Dimension dimensión *f*
Ding cosa
Diplom diploma *m*
Diplom- titulado/-a
diplomiert titulado/-a
dir *(unbetont)* te; *(betont)* a ti
direkt *(Adj)* directo/-a; *(Adv)* directamente
Direktionssekretärin secretaria de dirección
Direktor/in director/a
Dirigent/in director/a de orquesta
Diskette disquete *m*
Diskothek discoteca
Diskriminierung discriminación *f*
Diskursmarker organizador *m* del discurso
Diskussion discusión *f*
Diskussionsrunde mesa redonda
diskutieren discutir
Doch! ¡Que sí!
Doktor/in doctor/a
Doktrin doctrina
Dokument documento
Dokumentarfilm película documental
Dollar dólar *m*
Dolmetscher/in intérprete *m/f*
Dom catedral *f*
Dominikaner/in dominicano/-a
dominikanisch dominicano/-a
Dominikanische Republik República Dominicana
Donnerstag jueves *m*
Doppelbelastung doble jornada
doppelt doble
(das) Doppelte doble *m*
Doppelzimmer habitación *f* doble
Dorf pueblo
Dornröschen Bella Durmiente
dort allí, allá; *(da)* ahí
dorthin allí, allá
Dose lata
Dosenöffner abrelatas *m*
Dozent/in docente *m/f*
Drama drama *m*
dramatisch dramático/-a
dran sein tocar
drängeln empujar
drankommen intervenir *(vgl. venir)*
drastisch drástico/-a
draußen fuera
Dreharbeiten rodaje *m*
Drehbuch guión *m*
Drehbuchautor/in guionista *m/f*
(sich) drehen girar; *(Film)* rodar
Drehstuhl silla giratoria
drei tres
(das) Dreifache triple *m*
dreihundert trescientos/-as
Dreikönigskuchen roscón *m* de reyes
dreist *(LA)* cariduro/-a
dreißig treinta
dreizehn trece
dringend urgente
dritte/r/s tercero/-a
Drittel tercera parte *f*, tercio
dritter Stock tercero
Droge droga
Drogen nehmen drogarse
drogenabhängig drogadicto/-a
Drogenabhängige/r drogadicto/-a

D

Drogenhandel tráfico de drogas
drohen amenazar
Drohung amenaza
Druck presión *f*
drucken imprimir
drücken apretar *(ie)*; *(Taste)* pulsar
Drucker impresora
Druckknopf automático
du tú; *(LA)* vos
Duft olor *m*
dumm tonto/-a
Dummheit tontería
Düne duna *f*
dunkel oscuro/-a
dunkelhaarig moreno/-a
Dunkelheit oscuridad *f*
im Dunkeln a oscuras
dünn *(mager)* flaco/-a
Duo dúo
durch por; *(über)* a través de; *(mittels)* mediante
durchdenken repensar *(ie)*
durcheinander desordenado/-a
Durcheinander lío
Durchfall diarrea
durchfallen (lassen) suspender
durchführen llevar a cabo, llevar a término
Durchmesser diámetro
durchqueren recorrer, atravesar *(ie)*
Durchschnitt promedio, medio
durchschnittlich medio/-a
Durchschnittsalter edad *f* media
sich durchsetzen imponerse *(vgl. poner)*
durchsichtig transparente
durchstoßen atravesar *(ie)*
Durchwahl número directo, extensión *f*
Dürre sequía
Durst sed *f*
Dusche ducha
sich duschen ducharse
Dutzend docena
duzen tutear
dynamisch dinámico/-a

E

ebenfalls asimismo
echt auténtico/-a
Ecke *(außen)* esquina; *(innen)* rincón *m*
Ecuador Ecuador
Ecuadorianer/in ecuatoriano/-a
Edelstein piedra preciosa
EDV-Abteilung departamento de informática
Effekt efecto
effektiv *(Adj)* efectivo/-a; *(Adv)* efectivamente
effizient eficaz
Effizienz eficacia
egal sein dar lo mismo, dar igual
egoistisch egoísta
egozentrisch egocéntrico/-a
Ehe matrimonio
Ehefrau mujer *f*; *(LA)* esposa
ehemalig antiguo/-a
Ehemann marido; *(LA)* esposo
eher más bien
Ehre honor *m*
zu Ehren von en honor de
ehrenhaft honrado/-a
ehrgeizig ambicioso/-a
ehrlich honrado/-a; *(aufrichtig)* sincero/-a; *(Adv)* sinceramente, francamente
Ei huevo
eifersüchtig celoso/-a
eigen propio/-a, particular
Eigeninitiative iniciativa propia
Eigenschaft cualidad *f*; *(Merkmal)* característica
eigentlich en realidad
Eigentum propiedad *f*

Eigentümer/in propietario/-a
Eile prisa
Eilpost correo urgente
Ein andermal. Otra vez será.
ein/e/r/s un / uno/-a
einbinden incorporar
sich eincremen ponerse crema
Eindringlichkeit énfasis *m*; intensidad *f*
Eindruck impresión *f*
eindrucksvoll impresionante, imponente
einer wie der andere tal para cual
einerseits ..., andererseits por una parte..., por otra
einfach *(nur einmal)* simple; *(schlicht)* sencillo/-a; *(bescheiden)* modesto/-a
Einfachheit sencillez *f*
einfältig inocente
Einfamilienhaus chalet *m*
Einfluss influencia
Einfuhr importación *f*
einführen introducir *(zc)*; *(importieren)* importar
Einführung introducción *f*, iniciación *f*
Eingang entrada
eingeben *(wählen)* marcar
eingebildet engreído/-a
eingeboren indígena
Eingeborene/r indígena *m/f*
eingliedern incorporar
Eingliederung incorporación *f*
eingreifen intervenir *(vgl. venir)*
Eingreifen intervención *f*
einhalten respetar; cumplir (con)
Einheimische/r nativo/-a, nacional *m/f*
Einheit unidad *f*; *(Komplex)* conjunto
einheitlich uniforme, unitario/-a
Einheits- unitario/-a
einige unos/-as, algunos/-as, varios/-as, un par de...
sich einigen ponerse de acuerdo
Einigkeit unión *f*
Einigung acuerdo
Einkauf compra
einkaufen comprar; ir de compras
beim Einkaufen de compras
einen Einkaufsbummel machen ir de tiendas
Einkaufszentrum centro comercial
einladen invitar
Einladung invitación *f*
einlagern almacenar
Einleitung introducción *f*
einmal (alg)una vez
einmalig único/-a; aparte
einnehmen *(Stellung, Posten)* ocupar; *(Geld)* cobrar
einpacken envolver *(ue)*
sich einquartieren alojarse
Einrichtung *(Dekoration)* decoración *f*
eins uno
Einsamkeit soledad *f*
einsammeln recoger
Einsammeln recogida
einschalten *(Licht)* encender *(ie)*; *(Handy)* conectar
einschätzen valorar
Einschätzung valoración *f*
einschenken echar
einschlafen dormirse *(ue)*
einschließen *(beinhalten)* incluir *(y)*; *(einsperren)* encerrar *(ie)*
einschränken *(rationieren)* racionar; *(begrenzen)* limitar
Einschränkung restricción *f*
per Einschreiben por correo certificado
Einschreibung inscripción *f*; *(Schule, Universität)* matrícula
Einsiedler/in eremita *m/f*
einsperren encerrar *(ie)*

einsprachig monolingüe
einsteigen subir
einstellen *(anstellen)* contratar, emplear; *(regulieren)* regular, orientar
Einstellung *(Anstellung)* contratación *f*; *(Haltung)* actitud *f*
Einstieg iniciación *f*, introducción *f*
Einstufungstest prueba de nivel
einstweilen por ahora
Eintopf cocido
eintreten (in) entrar en; *(Mitglied werden)* ingresar (en), incorporarse (a)
Eintritt entrada; incorporación *f*
Eintrittskarte entrada
einverstanden de acuerdo, vale
Einverständnis acuerdo
einwandfrei *(Adj)* perfecto/-a; *(Adv)* perfectamente
einweihen inaugurar
Einweihung inauguración *f*
einwickeln envolver *(ue)*
Einwohner/in habitante *m/f*
Einwohner/in von Buenos Aires porteño/-a
Einzahl singular *m*
einzahlen ingresar
Einzel- individual
Einzelheit detalle *m*
einzeln aufführen detallar
Einzelunterricht clase *f* individual
Einzelzimmer (habitación) individual *f*
die Karte einziehen comerse la tarjeta
einzigartig aparte, único/-a
einzige/r/s único/-a
Eis *(Speiseeis)* helado; *(gefrorenes Wasser)* hielo
Eis am Stiel helado de palo; polo
Eisenbahn ferrocarril *m*
spanische Eisenbahn(gesellschaft) RENFE (= Red *f* Nacional de Ferrocarriles Españoles)
Eisenbahnwaggon vagón *m*
Eis(würfel) hielo
Ekel asco
Elch alce *m*
Elefant elefante *m*
elegant elegante
Elektriker/in electricista *m/f*
elektrisch eléctrico/-a
Elektrohaushaltsgerät electrodoméstico
Elektroherd cocina eléctrica
elektronisch electrónico/-a
Elektroplatte placa eléctrica
Element elemento
elementar elemental
Elend miseria
elf once
Ellenbogen codo
El Salvador El Salvador
Eltern padres *m*
E-Mail correo electrónico; *(fam)* emilio
E-Mail-Adresse dirección *f* electrónica
Emigrant/in emigrante *m/f*
Emission emisión *f*
Emoticon *(z. B. :-X)* emoticono
Emotion emoción *f*
emotional emocional
Empfang *(Erhalt)* recibo; *(Hotel)* recepción *f*
den Empfang bestätigen acusar recibo
empfangen recibir, acoger
Empfänger/in destinatario/-a
Empfangschef/-dame recepcionista *m/f*
Empfangssaal salón *m*
empfehlen recomendar *(ie)*, aconsejar
Empfehlung recomendación *f*

empören indignar
End- final
Ende fin *m*, final *m*; *(entferntester Punkt)* extremo
am Ende (von) a fines (de), a finales (de); *(räumlich)* al fondo (de)
zu Ende bringen llevar a término
zu Ende gehen acabarse, terminarse
enden terminar, acabar
endgültig definitivo/-a
endlich por fin, finalmente
endlos eterno/-a
Endstation terminal *f*
Endung terminación *f*
Energie energía
Energiesparlampe bombilla de bajo consumo
Energieverbrauch gasto / consumo de energía
Energieverschwendung derroche *m* de energía
energisch enérgico/-a
eng estrecho/-a; reducido/-a; *(vertraut)* íntimo/-a
engagieren contratar
Engel ángel *m*
England Inglaterra
Engländer/in inglés/-esa
englisch inglés/-esa
Englisch inglés *m*
englischsprachig anglófono/-a
Enkel/in nieto/-a
enorm enorme
Ensemble conjunto
entdecken descubrir
Ente pato
entfernen quitar
sich entfernen alejarse
entfernt lejano/-a, alejado/-a
Entfernung distancia
entgegen en contra de
entgegennehmen atender *(ie)*
entgehen escapar (de)
enthalten *(einschließen)* incluir *(y)*; *(beinhalten)* contener *(vgl. tener)*
entkommen escapar(se) (de)
entlang ... a lo largo de
entlassen despedir *(i)*
entlegen alejado/-a
entrichten sufragar
entscheiden decidir
sich entscheiden (für) decidirse (por)
Entscheidung decisión *f*
sich entschließen animarse (a)
entschlüsseln descifrar
entschuldigen disculpar
sich entschuldigen disculparse
Entschuldigen Sie. Perdone. *(perdonar)*
Entschuldigung disculpa, excusa
Entschuldigung. Perdón.
Entschuldigungen vorbringen poner excusas
Entsendung delegación *f*
Entsorgung recogida
(sich) entspannen relajar(se)
entspannt relajado/-a
entsprechen *(übereinstimmen)* corresponder, equivaler *(vgl. salir)*
entsprechend correspondiente
entstehen surgir
enttäuschen decepcionar, desilusionar
Enttäuschung decepción *f*
entwerfen *(in Gedanken)* proyectar; *(zeichnerisch)* diseñar
entwickeln desarrollar
sich entwickeln desarrollarse
entwickelt desarrollado/-a
Entwicklung desarrollo; *(Evolution)* evolución *f*
entzückend adorable
Enzyklopädie enciclopedia

Episode episodio
Epoche época
er / sie él / ella
erbauen construir *(y)*
Erbe herencia
sich erbrechen vomitar
Erbse guisante *m*
erdacht imaginario/-a
Erdbeben terremoto
Erdbeere fresa; *(LA)* frutilla
Erde tierra
Erdgeschoss planta baja
Erdnuss cacahuete *m*
Erdoberfläche territorio mundial
Erdöl petróleo
sich ereignen ocurrir, producirse
Ereignis acontecimiento, suceso; *(Event)* evento
erfahren *(Nachricht)* enterarse (de)
Erfahrung experiencia
eine Erfahrung machen tener una experiencia
erfinden inventar
neu erfinden reinventar
Erfinder/in inventor/a
Erfindung invento
Erfolg éxito; *(Triumph)* triunfo
erfolgreich lleno/-a de éxitos
erfordern requerir *(ie)*; exigir
erfrischen refrescar
Erfrischung(sgetränk) refresco
erfüllen cumplir (con)
ergänzen completar
Ergänzung complemento
Ergebnis resultado
ergreifen *(Maßnahmen, Macht)* tomar
Erhalt recepción *f*, recibo
erhalten *(bekommen)* recibir; *(Genehmigung)* obtener *(vgl. tener)*, conseguir *(i)*; *(Gehalt)* cobrar; *(bewahren)* conservar
sich erheben levantarse
Erhitzen calentamiento
erhöhen aumentar
Erhöhung aumento
sich erholen descansar, recuperarse
Erholung descanso
sich erinnern (an) recordar *(ue)*, acordarse *(ue)* (de)
Erinnerung recuerdo
erkältet resfriado/-a, constipado/-a, acatarrado/-a
Erkältung resfriado
erkennen reconocer *(zc)*
erklärbar explicable
erklären *(erläutern)* explicar, aclarar; *(Krieg, Unabhängigkeit)* declarar
sich erklären zu proclamarse
Erklärung explicación *f*, declaración *f*
erlauben permitir
Erlaubnis permiso
erläutern aclarar
erleben vivir
Erlebnispark parque *m* de atracciones
erledigt *(völlig erledigt)* hecho/-a polvo
erleiden sufrir
ermäßigt reducido/-a
Ermäßigung descuento
ermöglichen permitir
ermorden asesinar
ermüden cansar
ernähren alimentar
sich ernähren alimentarse
Ernährung alimentación *f*, dieta
ernennen nombrar
erneuerbar renovable
erneut de nuevo
ernst *(Mensch)* serio/-a; *(Lage, Krankheit)* grave
ernst nehmen tomar en serio
Ernst seriedad *f*; gravedad *f*

im Ernst en serio
Ernsthaftigkeit seriedad *f*
Ernte cosecha
ernten recoger
ernüchtert desilusionado/-a
Eroberer/-in conquistador/a
erobern conquistar
eröffnen abrir; *(Geschäft)* montar
Eröffnung *(von Geschäft)* apertura; *(Einweihung)* inauguración *f*
erraten adivinar
erreichen *(erlangen)* conseguir *(i)*; *(zustande bringen)* lograr; *(Zug, Alter)* alcanzar
errichten establecer *(zc)*
Ersatz repuesto
erscheinen *(sichtbar werden)* aparecer *(zc)*; *(vorgeben, scheinen)* aparentar; *(sich darstellen, scheinen)* parecer *(zc)*; *(sich zeigen)* asomarse
Erscheinungsbild presencia
erschließen deducir *(zc)*
erschöpfen agotar
erschrecken asustarse
erschweren dificultar, complicar
ersetzen sustituir *(y)*
Erstaufführung estreno
erstaunlicherweise curiosamente
erste/r/s primero/-a
erstens en primer lugar
erster Stock primero
als Erstes primero
ersuchen solicitar
ertönen sonar *(ue)*
ertragen soportar, aguantar
erwachsen adulto/-a
Erwachsenenbildung educación *f* de adultos
Erwachsene/r adulto/-a
erwähnen mencionar
Erwärmen calentamiento
erwarten esperar
Erwartung expectativa, espera
in Erwartung a la / en espera de
in Erwartung Ihrer Antwort en espera de sus noticias
sich erweisen als resultar
erweitern ampliar *(í)*
Erweiterung ampliación *f*, ensanche *m*
erwerben adquirir *(ie)*
erwidern *(antworten)* responder
erwürgen estrangular
erzählen contar *(ue)*, narrar
erzeugen producir *(zc)*
erziehen educar
Erziehung educación *f*
erzielen obtener *(vgl. tener)*
es ello
es geht so regular
es gibt hay
es ist besser, wenn más vale que + *subj*
es ist drei Uhr son las tres
es ist halb zwei es la una y media
es ist so, dass resulta que…
es kann sein, dass puede que + *subj*
es kommt darauf an depende
es sei denn, dass a menos que + *subj*
es stimmt es verdad
Es war einmal … Érase una vez…
Esel burro
Espresso mit Milch cortado
Essay ensayo
essen comer; *(zu sich nehmen)* tomar; *(verzehren)* consumir
zu Abend essen cenar
zu Mittag essen almorzar *(ue)*
Essen comida
Essig vinagre *m*
Esslöffel cuchara; *(Maß)* cucharada
Esszimmer comedor *m*
Etappe etapa
Etat presupuesto

etc. (= et cetera) etc. (= etcétera)
etliche bastantes
etwas un poco, algo
EU-Bürger/in ciudadano/-a comunitario/-a
euch os
euer/e vuestro/-a
Euro euro
Europa Europa
Europäer/in europeo/-a
europäisch europeo/-a
Europäische Union Unión *f* Europea (UE)
Europäisches Sprachenzertifikat Certificado Europeo de Idiomas
Event evento
Evolution evolución *f*
ewig eterno/-a
Exemplar ejemplar *m*
Ex-Freund/in ex-novio/-a
Exil exilio
Exil- exiliado/-a
ins Exil gehen exiliarse
Existenz existencia
existieren existir
exklusiv exclusivo/-a
exotisch exótico/-a
Experiment experimento
experimentell experimental
Experte/-in experto/-a
Explosion explosión *f*
Export exportación *f*
exportieren exportar
Exportsachbearbeiter/in técnico/-a en comercio exterior
extra extra
Extrem extremo
extrovertiert extrovertido/-a

F

Fabel fábula
Fabrik fábrica
Fachausdruck término
Fachgebiet especialidad *f*
Fachmann/-frau experto/-a
Fachrichtung modalidad *f*
fad soso/-a
fähig sein zu ser capaz de
Fähigkeit *(Eignung)* capacidad *f*; *(Eigenschaft)* cualidad *f*
fahren ir; *(Fahrzeug)* conducir *(zc)*
Fahrer/in conductor/a
Fahrerlaubnis *(LA)* licencia de conducir
Fahrkarte billete *m*
Fahrplan horario
Fahrrad bici(cleta)
Fahrtrichtung rumbo
Fahrzeug vehículo
Fahrzeuginsasse/-in ocupante *m/f* del vehículo
fair justo/-a
Faktor factor *m*
Fakultät facultad *f*
Fall caso
auf keinen Fall en ningún caso
für den Fall, dass caso de que + *subj*
in jedem Fall en cualquier caso, en todo caso
fallen caer(se) *(yo me caigo)*
fallen lassen dejar caer
fällig pendiente
fällig sein *(Rechnung, Zahlung)* estar pendiente de pago
falls si; en el caso de que + *subj*
falsch *(Adj)* falso/-a, erróneo/-a, incorrecto/-a, equivocado/-a; *(Adv)* mal
falsch machen hacer mal
„falsche Freunde" falsos amigos
familiär familiar
Familie familia
Familien- familiar
Familienangehörige/r familiar *m/f*

Familienstand estado civil
Fan aficionado/-a
Fantasie fantasía; *(Vorstellungskraft)* imaginación *f*
fantastisch fantástico/-a
Farbe color *m*; *(Farbton)* tinta
In welcher Farbe? ¿De qué color?
farbig de color, colorado/-a
Fasching carnaval *m*
Fass barril *m*
Fassade fachada
Fassung versión *f*
Fassungsvermögen capacidad *f*
fast casi, cerca de
Fastfood comida basura
faszinierend fascinante
faul *(träge)* vago/-a
Fauna fauna
Fax(gerät) fax *m*
Februar febrero
Fee hada
fehlen faltar; *(gesundheitlich)* pasar
Was fehlt Ihnen? ¿Qué le pasa?
Fehler error *m*; *(Defekt)* defecto
Fehler machen cometer errores
fehlschlagen fallar
Feier fiesta, celebración *f*
Feierlichkeit ceremonia
feiern celebrar
Feiertag (día *m*) festivo
feige cobarde
fein fino/-a
Feind/in enemigo/-a
Feld *(Sport; Acker)* campo; *(auf Spielbrett)* casilla
Fell pelo
Fenster ventana
Ferien vacaciones *f*
Fernsehapparat televisor *m*
fernsehen ver la tele
Fernsehen tele(visión) *f*
„Fernseh-Müll" telebasura
Fernsehsender canal *m* de televisión
Fernsehsendung programa *m* de la tele
Fernsehserie (tele)serie *f*
Fernsehsucht teleadicción *f*
fernsehsüchtig teleadicto/-a
fertig listo/-a
fest *(stabil)* sólido/-a; *(ständig)* fijo/-a; *(unerschütterlich)* en firme
Fest fiesta
Festakt acto
Festival festival *m*
festlegen fijar, estipular
Festplatte disco duro
Festpreis tarifa fija
feststehen constar
feststellen comprobar *(ue)*
Festung fortaleza
Fett grasa
Fettleibigkeit gordura
ins Fettnäpfchen treten meter la pata
in Fettschrift en negrita
feucht húmedo/-a
Feuer fuego
Feuerland Tierra del Fuego
Feuerwerk fuegos *m* artificiales
Feuerwerkskörper cohete *m*
Fieber fiebre *f*
fiebrig febril
Figur figura; *(Persönlichkeit)* personaje *m*
Fiktion ficción *f*
Filiale sucursal *f*; filial *f*
Film película
Film- cinematográfico/-a
Filmregisseur/in director/a de cine
finanziell financiero/-a
finanzieren financiar; *(bezahlen)* pagar(se)
finden encontrar *(ue)*

Finger dedo
Finne/-in finlandés/-esa
finnisch finlandés/-esa
Finnland Finlandia
Finsternis tiniebla
Firma empresa
Firmenzeichen logotipo
Fisch pez *m*; *(Ware, Gericht)* pescado
fischen pescar
Fischer- marinero/-a
Fischer/in pescador/a
Fischfang pesca
Fischgeschäft pescadería
Fischzucht criadero de peces
Fitnessstudio gimnasio
fixe Idee fijación *f* mental
Flachbildschirm pantalla plana
Fläche superficie *f*
Flagge bandera
Flakon frasco
flämisch flamenco/-a
Flasche botella; *(Parfüm)* frasco
Fleisch carne *f*
Fleischklößchen albóndiga
fleißig trabajador/a
flexibel flexible
Flexibilität flexibilidad *f*
Fliege mosca
fliegen volar *(ue)*; *(mit dem Flugzeug)* ir en avión
fliehen huir *(y)*
Fließband banda
fließend corriente
Flipchart atril *m* para rotafolios
Flora flora
Flüchtling refugiado/-a
Flug vuelo
Flugangst miedo a volar
Flügel ala
Fluggesellschaft compañía aérea
Flughafen aeropuerto
Flugsteig puerta
Flugticket pasaje *m*
Flugzeug avión *m*
Flur pasillo
Fluss río
föderativ federal
Föhn secador *m*
Folge *(Konsequenz)* consecuencia
folgen seguir *(i)*
folgend sucesivo/-a
folgende/r/s siguiente
folglich así que, por tanto
Folie transparencia
Folklore folclore *m*
folkloristisch folclórico/-a
Folter tortura
fordern exigir
fördern *(unterstützen)* promover *(ue)*; *(ankurbeln)* fomentar
Forderung exigencia
Form forma
in Form bleiben mantenerse en forma
Formalität formalidad *f*, trámite *m*
förmlich formal
Förmlichkeit formalidad *f*
Formular formulario, impreso; *(Karteikarte)* ficha
formulieren formular
Forscher/in investigador/a
Forschung investigación *f*
Fortbildungskurs curso de formación
Fortdauer continuación *f*
fortfahren continuar *(ú)*
fortgeschritten avanzado/-a
Fortgeschrittene/r avanzado/-a
fortschreiten progresar
Fortschritt progreso, avance *m*
Fortsetzung continuación *f*; *(Fortdauer)* continuidad *f*
Forum foro
Foto(grafie) foto(grafía) *f*
Fotokamera cámara fotográfica
Fotokopie fotocopia

Fotokopierer fotocopiadora
Frage pregunta; *(Problem)* cuestión *f*
Fragebogen cuestionario
fragen (nach) preguntar (por)
fragend *(hartnäckig ~)* preguntón/-ona
Fragesatz oración *f* interrogativa
Fragewort interrogativo
Franco-Ära franquismo
Frankreich Francia
franquistisch franquista
Franzose/-ösin francés/-esa
französisch francés/-esa
Französisch francés *m*
Frau mujer *f*; *(vor Nachnamen)* señora; *(vor Vornamen)* doña
Fräulein señorita
frech travieso/-a; *(LA)* cariduro/-a
frei libre
frei Haus a domicilio
Freiheit libertad *f*
Freilichtmuseum museo al aire libre
Freitag viernes *m*
freiwillig voluntario/-a
Freiwillige/r voluntario/-a
Freizeit tiempo libre, tiempo de ocio
Freizeitbeschäftigung pasatiempo
fremd extraño/-a
Fremdenverkehrsamt Centro de Información y Turismo
Fremdsprache lengua extranjera
Fremdsprachensekretärin secretaria con idiomas
Freude *(Fröhlichkeit)* alegría; *(Vergnügen)* placer *m*; *(Glück)* felicidad *f*
Freude bereiten hacer ilusión *f*
freuen alegrar, complacer, satisfacer *(vgl. hacer)*, hacer ilusión
sich freuen alegrarse
wir freuen uns ... nos complace / nos es grato + *inf*
Freund/in amigo/-a; *(feste/r)* novio/-a
Freunde(skreis) amistades *f*
Freundschaft amistad *f*
Freundschaft schließen hacer amigos, entablar amistad *f*
Frieden paz *f*
Friedhof cementerio
friedlich pacífico/-a
frieren pasar frío
frisch fresco/-a; *(kühl)* fresquito/-a; *(kürzlich)* recién
Friseur(salon) peluquería
Friseur/in peluquero/-a
Frist plazo
Frisur peinado
frittiert frito/-a
fröhlich alegre
Frömmigkeit devoción *f*
Fronleichnam Corpus Christi
Frosch rana
Frucht *(Obst)* fruta; *(Botanik)* fruto
Früchte der Saison fruta del tiempo
früh temprano/-a
früher antes
Frühjahr primavera
frühkindliche Erziehung educación *f* preescolar
Frühstück desayuno
frühstücken desayunar
frühzeitig con tiempo
frustriert frustrado/-a
Fuchs / Füchsin zorro/-a
(sich) fühlen sentir(se) *(ie)*; verse
führen llevar; *(geleiten)* guiar *(í)*; *(Konto)* mantener *(vgl. tener)*
Führer/in líder *m/f*; guía *m/f*
Führerschein permiso de conducir, carnet *m* de conducir; *(LA)* licencia de conducir

den Führerschein machen sacar el permiso de conducir
Führung *(Leitung)* dirección *f*; *(Besichtigung)* visita (guiada)
Führungskraft ejecutivo/-a
Führungsstärke capacidad *f* de gestión
Führungszeugnis *(polizeiliches ~)* certificado de antecedentes penales
füllen llenar
Füllung relleno
fünf cinco
fünfhundert quinientos/-as
fünfte/r/s quinto/-a
Fünftel quinta parte *f*
fünfter Stock quinto
fünfzehn quince
fünfzig cincuenta
Funktion función *f*
funktionieren funcionar
Funktionsfähigkeit funcionamiento
Funktionsweise funcionamiento
für para; *(zugunsten von)* a / en favor de; *(im Austausch gegen)* a cambio de
für sich selbst por sí mismo/-a
Furcht temor *m*
furchtbar horrible, terrible, tremendo/-a
fürchten temer
Fürst príncipe *m*
Fürwort pronombre *m*
Fusion fusión *f*
Fuß pie *m*
am Fuß von al pie de
zu Fuß a pie
Fußball fútbol *m*
Fußballspieler/in futbolista *m/f*
Fußboden suelo
Fußgänger/in peatón/-ona
Fußgängerzone zona peatonal
Fußmarsch caminata
Fußtritt patada
Fußweg senda

G

Gabe ofrenda
Gabel tenedor *m*
Galerie galería
Galicien Galicia
Galicisch gallego
Gang *(Essens-)* plato; *(Betrieb)* marcha
Gans ganso
Gänseblümchen margarita
ganz entero/-a, todo/-a el / la
ganz und gar todo/-a entero/-a
Ganztagsschule jornada de horario continuo
Garage garaje *m*
Garantie garantía
Garantie gewähren garantizar
garantieren garantizar
Gardine cortina
Garnele gamba
Garten jardín *m*
Gas gas *m*
Gasse calleja
Gast invitado/-a
gastfreundlich hospitalario/-a
Gastfreundschaft hospitalidad *f*
Gastgeber/in anfitrión/-ona
Gasthaus hostal *m*
gastronomisch gastronómico/-a
Gaststätte restaurante *m*; *(kleine ~)* mesón *m*
Gate *(Flugsteig)* puerta
Gattung género
Gebäck aus Biskuit magdalena
Gebäckstück *(LA)* masa fina
gebären dar a luz
Gebäude edificio
geben dar
Gebiet *(Fläche)* área, territorio; *(Terrain, Bereich)* terreno

Gebirge sierra
Gebirgskette cordillera
geboren werden nacer *(zc)*
gebraten asado/-a; *(in der Pfanne)* frito/-a, a la plancha
Gebrauch uso
Gebrauchsanweisung instrucción *f* de uso
gebraucht usado/-a, de segunda mano
Gebühr tarifa
Geburt nacimiento
Geburtenkontrolle control *m* de la natalidad
Geburtenrate tasa de natalidad
gebürtig originario/-a
Geburts- natal
Geburtsdatum fecha de nacimiento
Geburtstag cumpleaños *m*
Gedächtnis memoria
Gedanke idea
Gedenken conmemoración *f*; *(Gedächtnis)* memoria
Gedenkfeier conmemoración *f*
Gedicht poema *m*, poesía
Gedichtsammlung antología
Geduld paciencia
geduldig paciente
gedünstet al vapor
geehrte/r apreciado/-a
geeignet (zu) apropiado/-a, capacitado/-a (para)
Gefahr peligro
gefährlich peligroso/-a
gefährlich werden volverse *(ue)* peligroso/-a
gefallen gustar, complacer
Gefallen *(Dienst)* favor *m*
Gefälligkeit obsequio, favor *m*
gefangen *(abhängig, süchtig)* enganchado/-a
Gefängnis cárcel *f*
Gefäß *(Behälter)* recipiente *m*
gefroren helado/-a
Gefühl *(seelisch)* sentimiento; *(körperlich)* sensación *f*
gefüllt relleno/-a
gegen contra, en contra de
gegen Franco antifranquista
Gegensatz contraste *m*
gegensätzlich opuesto/-a
gegenseitig mutuo/-a
Gegenstand objeto
im Gegenteil al contrario
gegenüber (von) enfrente (de), frente a
gegenüberstellen contrastar, contraponer *(vgl. poner)*
Gegenwart presente *m*
gegenwärtig presente
gegrillt a la brasa
Gehalt (nach Vereinbarung) sueldo (negociable)
Geheimnis secreto; *(Unerforschtes)* misterio
geheimnisvoll misterioso/-a
Geheimzahl clave *f* personal
gehen *(allgemein)* ir, marchar; *(zu Fuß)* caminar, andar; *(weggehen)* irse, marcharse
Gehör oído
gehorchen obedecer *(zc)*
gehören (zu) formar parte (de); pertenecer *(zc)* a
gehorsam obediente
Gehörsinn oído
Geißlein cabrit(ill)o
Geist espíritu *m*
Geisteswissenschaften Humanidades *f*
gekleidet vestido/-a
gekocht cocido/-a
Gelächter risa
Gelände terreno
gelangweilt aburrido/-a
Gelatine gelatina
gelb amarillo/-a

Geld dinero
Geld abheben sacar dinero
Geldautomat cajero automático
Geldstrafe multa
gelegen situado/-a
Gelegenheit ocasión *f*, oportunidad *f*
gelegentlich ocasional
gelingen *(gut gehen)* salir bien; *(erreichen)* lograr
Gemälde cuadro, pintura
gemäß según, conforme a, de acuerdo con
gemäßigt moderado/-a
Gemeinde municipio
gemeinsam *(Adj)* colectivo/-a, común; *(Adv)* en común, juntos
gemeinsam haben tener en común
Gemeinsamkeit punto común
Gemeinschaft comunidad *f*
gemeinschaftlich colectivo/-a
Gemenge mezcla
gemischt mixto/-a
Gemüse verdura; *(Hülsenfrüchte)* legumbres *f*
Gemüseladen verdulería
Gemüsesuppe *(kalte ~)* gazpacho
Gemüt ánimo
Gemütszustand estado de ánimo
genau *(Adj)* exacto/-a, justo/-a; *(Adv)* exactamente, precisamente, justo, estrictamente; *(Uhrzeit)* en punto
Genauigkeit precisión *f*
genauso wie igual que
genehmigen autorizar; *(Antrag)* aprobar *(ue)*
Genehmigung autorización *f*
General general *m*
Generaldirektion dirección *f* general
Generaldirektor/in director/a general
Generalstreik huelga general
Generation generación *f*
genesen curarse
genetisch genético/-a
Genf Ginebra
genial genial
Genie genio
genießen disfrutar (de)
Genitiv genitivo
Genossenschaft cooperativa
Genre género
genuesisch genovés/-esa
genügen bastar
genügend suficiente
geöffnet abierto/-a
geographisch geográfico/-a
Gepäck equipaje *m*
Gepäckaufbewahrung consigna
Gepäckträger portaequipajes *m*
geradeaus todo recto
Gerät aparato
gerecht justo/-a
Gericht *(Institution)* tribunal *m*; *(Speise)* plato
geringer inferior
geringste/r menor
gerne con mucho gusto
Geruch olor *m*
Gerundium gerundio
Gesamtsumme total *m*
Gesang canto
Geschädigte/r víctima
Geschäft *(Laden)* tienda; *(Handel)* negocio; *(Tätigkeit)* operación *f*
Geschäftsbeziehung relación *f* comercial
Geschäftsreise viaje *m* de negocios
Geschäftswelt (mundo de los) negocios
geschätzte/r apreciado/-a
geschehen ocurrir, producirse
Geschenk regalo, obsequio

Geschichte historia
Geschick *(Geschicklichkeit)* habilidad *f*
geschieden divorciado/-a
Geschirr *(Gesamtheit)* platos; *(Porzellan)* porcelana
Geschirrspülmaschine lavaplatos *m*
Geschlecht sexo; *(Gattung)* género
geschlossen cerrado/-a
Geschmack *(Empfinden)* gusto; *(einer Speise)* sabor *m*
geschmort guisado/-a
geschmückt adornado/-a, decorado/-a
geschrieben escrito/-a
Geschwindigkeit velocidad *f*
gesellig sociable
Gesellschaft *(Unternehmen; Begleitung)* compañía; *(Bevölkerung; Umgang; Unternehmen)* sociedad *f*
Gesellschafter/in socio/-a
gesellschaftlich social
Gesetz ley *f*
gesetzlich legal
gesetzmäßig legal
gesetzwidrig ilegal
Gesicht cara, frente *f*
Gesichtspunkt aspecto
Gespräch *(Unterhaltung)* conversación *f*, discurso; *(Diskussion)* discusión *f*; *(Debatte)* debate *m*
gesprächig comunicativo/-a
Gesprächspartner/in interlocutor/a
gesprochene Sprache lengua hablada
Gestaltung diseño
Geste gesto
gestehen confesar *(ie)*
gestern ayer
gestern Abend anoche
Gestik mímica
sich gestört fühlen molestarse
gestreift a rayas
gesucht wird … se requiere…
gesund sano/-a; *(heilsam)* saludable
gesund werden curarse
Gesundheit salud *f*, sanidad *f*
Gesundheitseinrichtung servicio sanitario
Gesundheitswesen sistema *m* sanitario
Getränk bebida
getrennt separado/-a
Gewalt violencia
gewaltig desaforado/-a, violento/-a
Gewerkschaft sindicato
Gewicht peso
Gewinn ganancia
gewinnen ganar
gewiss cierto/-a
Gewissheit certeza
Gewitter tormenta
sich gewöhnen (an) acostumbrarse (a)
Gewohnheit costumbre *f*, hábito, *(Routine)* rutina
gewohnheitsmäßig habitual
gewöhnlich habitual(mente)
gewohnt (zu) acostumbrado/-a (a)
gezeichnet (gez.) firmado (fdo.)
gezwungen obligado/-a
sich gezwungen sehen (zu) verse obligado/-a (a)
gießen regar *(ie)*; *(Metall)* fundir
Gin ginebra
Gipfel colmo
Giraffe jirafa
Girokonto cuenta corriente
Gitarre guitarra
Gitarrist/in guitarrista *m/f*
Glanz esplendor *m*

Glas *(Trinkgefäß)* vaso; *(mit Stiel)* copa; *(Material)* cristal *m*, vidrio
glatzköpfig calvo/-a
Glaube creencia, fe *f*
glauben creer(se)
gläubig creyente
Gläubige/r creyente *m/f*
gleich *(identisch)* igual; *(gleichermaßen)* igual de + *Adj*; *(sofort)* enseguida
gleich bleiben seguir *(i)* igual
gleich hier aquí mismo
gleichbedeutend equivalente
Gleichberechtigung igualdad *f*
gleichbleibend constante
gleiche/r/s mismo/-a
gleichfalls igualmente
Gleichgewicht equilibrio
Gleichheit igualdad *f*
gleichzeitig paralelamente, a la vez
gleitende Arbeitszeit horario flexible
Gletscher glaciar *m*
global global
Globalisierung globalización *f*
Glockenschlag campanada
Glotze *(fam)* caja tonta
Glück suerte *f*; *(Glücklichsein)* felicidad *f*
zum Glück menos mal (que...); por suerte, afortunadamente
glücklich feliz
glücklicherweise afortunadamente, por suerte
Glückwunsch felicitación *f*; *(als Wunsch)* ¡Enhorabuena! ¡Felicidades!
Glückwunschkarte tarjeta de felicitación
Glühbirne bombilla
GmbH sociedad *f* limitada
Gold oro
Goldschmiedekunst orfebrería
Golfplatz campo de golf
Golfstrom Golfo
Gorilla gorila *m*
gotisch gótico/-a
Gott / Göttin dios/a
gottlos ateo/-a
Gouverneur/in gobernador/a
Grab tumba
graben excavar
Grad grado
es ist ... Grad hace... grados
Grafikprogramm programa *m* de elaboración de gráficos
grafisch gráfico/-a
Gramm gramo
Grammatik gramática
grammatisch gramatical
Graphik gráfico
Graphit grafito
Grassteppe *(in Südamerika)* pampa
gratis gratis
gratulieren felicitar
grau gris
grausam cruel
Grausamkeit crueldad *f*
Grenze *(Staatsgrenze)* frontera; *(Begrenzung)* límite *m*; *(Schranke)* barrera
Grieche/-in griego/-a
Griechenland Grecia
griechisch griego/-a
grillen hacer una barbacoa
Grillparty barbacoa
Grippe gripe *f*
groß grande; *(sehr ~)* grandón/-ona; *(hoch, hochgewachsen)* alto/-a
sehr groß grandón/-ona
großartig fenomenal, formidable, magnífico/-a
Großbuchstabe mayúscula

Größe *(Format)* tamaño; *(Rauminhalt)* volumen *m*; *(Konfektionsgröße)* talla
Großeltern abuelos
größer más grande, mayor
großes Los gordo
Großkino multicine *m*
Großmutter abuela
größte/r/s más grande, mayor
Großvater abuelo
großzügig generoso/-a
Großzügigkeit generosidad *f*
Grube hoyo
grün verde
Grund causa, motivo, razón *f*
auf Grund von a base de
im Grunde en el fondo
Grund- básico/-a
gründen fundar; *(schaffen)* crear
Gründer/in fundador/a
Grundkenntnisse (in) noción *f* (de)
Grundlage base *f*
grundlegend fundamental, elemental
gründlich a fondo
grundlos sin razón
Gründonnerstag Jueves *m* Santo
Grundriss plano
Grundschule escuela primaria; enseñanza primaria; educación *f* primaria; estudios primarios
Grundschullehrer/in meastro/-a
Gründungsmitglied miembro fundador
Grünfläche espacio verde
Gruppe grupo; *(Kollektiv)* colectivo
Gruß saludo
grüßen saludar
Guatemala Guatemala
Guatemalteke/-in guatemalteco/-a
guatemaltekisch guatemalteco/-a
gültig válido/-a, en vigor
Gummi goma
günstig *(vorteilhaft)* favorable
Gürtel cinturón *m*
gut *(Adj)* bueno/-a; *(Adv)* bien
gut gehen *(gelingen)* salir bien
gut mit Menschen umgehen können tener facilidad de trato con la gente
Gute Besserung! ¡Que te mejores! ¡Que se mejore!
gute Laune bekommen ponerse de buen humor
Guten Appetit! ¡Que aproveche!
Güter bienes *m*
gutschreiben abonar
gymnasiale Oberstufe bachillerato
Gymnasium instituto
Gymnastik gimnasia

H

Haar pelo, cabello
haben tener *(yo tengo, ie)*; *(Hilfsverb)* haber
hacken picar
Hackfleisch carne *f* picada
Hafen puerto
Häftling preso/-a
Hahn gallo
Hähnchen pollo
Hai tiburón *m*
halb medio/-a
Halbinsel península
Halbpension media pensión *f*
Halbtagstätigkeit trabajo de media jornada
Hälfte mitad *f*, media parte *f*
hallo hola
Hallo? *(Telefon)* ¿Diga? ¿Dígame? *(decir)*
Halogenlampe lámpara de halógeno
Hals garganta

halten *(anhalten)* parar(se), detener(se); *(aufrechterhalten)* mantener *(vgl. tener)*; *(halten für)* considerar
sich halten *(haltbar sein)* conservarse; *(~ für)* creerse
Haltestelle parada, estación *f*
Haltung *(Einstellung)* actitud *f*; *(Körper-)* postura
Hamburger *(Brötchen)* hamburguesa
Hand mano *f*
aus erster Hand de primera mano
aus zweiter Hand de segunda mano
zu Händen von a la atención de
Handbuch guía *f*
Handel comercio; negocio comercial
Handel treiben comerciar
handeln *(agieren)* actuar *(ú)*; *(Handel treiben)* comerciar; *(tätigen)* operar; *(Film: handeln von)* ir de
sich handeln um tratarse de
Handels- comercial
Handelskorrespondenz correspondencia comercial
Handelsrechnung factura comercial
Handgepäck equipaje *m* de mano
Händler/in comerciante *m/f*
Handlung *(Tat)* acción *f*, acto; *(Tätigkeit)* actividad *f*; *(Buch, Film)* argumento
Handtuch toalla
Handwerkskunst artesanía
Handy (teléfono) móvil *m*; *(LA)* celular *m*
Häppchen tapas; *(Argentinien)* ingredientes *m*
Harmonie armonía
hart duro/-a
sehr hart durísimo/-a
Hass odio
hassen odiar
hässlich feo/-a
Haufen montón *m*
häufig frecuente(mente), con frecuencia, a menudo
Häufigkeit frecuencia
Haupt- principal, general
Hauptdarsteller/in protagonista *m/f*, personaje *m* principal
Hauptgericht segundo (plato)
hauptsächlich principalmente
Hauptsatz oración *f* principal
Hauptstadt capital *f*
Hauptstraße avenida principal
Haus casa
nach Hause gehen ir a casa
zu Hause en casa
Hausarbeit tareas domésticas, tarea(s) de casa
Hausarrest arresto domiciliario
Hausaufgaben deberes *m*
Hausfrau ama *f* de casa
Haushaltsgerät electrodoméstico
Hausmeister/in portero/-a
Hausschuhe zapatillas
Haustier animal *m* doméstico; mascota
Haut piel *f*
Havarie avería
Havariezertifikat certificado de avería
Heer ejército
heftig intenso/-a
Heftpflaster tirita
Heil- curativo/-a
heilen curar
heilend curativo/-a
Heiler/in curandero/-a
heilig *(Person)* san / santo/-a; *(Ort)* sagrado/-a
Heiligabend Nochebuena
Heilige/r santo/-a
Heilige Drei Könige Reyes Magos

Heiligenfigur paso
Heiligtum santuario
Heilmittel remedio
Heimarbeiter/in trabajador/a en casa
heiraten casarse
heiß caliente
heißen llamarse
Heizung calefacción *f*
Hektar hectárea
Hektik agitación *f*
helfen *(Hilfe leisten)* ayudar; *(beistehen)* asistir
hell werden hacerse de día
Helm casco
Helvetien *(Schweiz)* Helvecia
Hemd camisa
heranbringen acercar
herausholen sacar
herausragen destacar
herausragend destacado/-a
herausreißen arrancar
Herberge albergue *m*
Herbst otoño
Herd cocina
Herein. Pase, pase.
herkommen von / aus provenir de *(vgl. venir)*
herkommend von / aus proveniente de
Herkunft origen *m*, procedencia
herleiten deducir *(zc)*
Herr *(vor Nachnamen)* señor; *(vor Vornamen)* don; *(Mann)* caballero
herrichten arreglar
Herrlichkeit gloria
herstellen producir *(zc)*, fabricar
Hersteller/in fabricante *m/f*
herumlabern *(fam)* soltar el rollo
heruntergesetzt rebajado/-a
herunterladen bajar
hervorbringen generar
hervorrufen provocar
Herz corazón *m*
Herzinfarkt infarto
herzlich afectuoso/-a, cordial(mente)
herzliche Grüße cordiales saludos; un abrazo
Herzlichen Glückwunsch! ¡Felicidades! ¡Enhorabuena!
Herzlichkeit cordialidad *f*
heute hoy
noch heute hoy mismo
heutzutage hoy en día
Hexe bruja
hier aquí; *(LA)* acá
hier in der Nähe por aquí
Hierarchie jerarquía
hiermit *(im Brief)* por la presente, mediante la presente
Hilfe ayuda, socorro
Hilfe leisten prestar ayuda
Himmel cielo
unter freiem Himmel al aire libre
hinaufgehen subir
hinausgehen salir *(yo salgo)*
hinbringen llevar
hindern impedir *(i)*
Hindernis obstáculo
hineingehen entrar
hineinkommen (in) meterse (en)
hineinpassen caber
hineintun echar
Hinfahrt ida
hinfallen caer(se) *(yo me caigo)*
Hinflug ida
hingegen en cambio
sich hinlegen acostarse *(ue)*
sich hinstellen ponerse de pie
hinten atrás; *(im hinteren Teil)* al fondo
nach hinten atrás
hinter detrás de
Hintergrund fondo
Hinterhof patio
hinterlassen dejar

Hinterrad rueda de atrás
hinunterfahren bajar
hinuntergehen bajar
hinweisen auf indicar, advertir *(ie)*, señalar
hinzufügen añadir, agregar
Hispanoamerikaner/in hispano/-a
historisch histórico/-a
Hitze calor *m*
Hobby afición *f*
Hobby- aficionado/-a
hoch alto/-a
hochachtungsvoll atentamente
hochentwickelt desarrollado/-a
Hochgeschwindigkeitszug AVE *m*
hochheben levantar
Hochschulabschluss licenciatura
Hochschulbildung educación *f* universitaria
Hochzeit boda
Hof patio
hoffen esperar
hoffentlich ojalá
Hoffnung ilusión *f*, esperanza
hoffnungslos desesperado/-a
höflich cortés; *(aufmerksam)* atento/-a
Höhe altura
Höhepunkt clímax *m*
höher gelegen más arriba
höhere Gesellschaft alta sociedad *f*
Höhle cueva
Holland Holanda
Holländer/in holandés/-esa
holländisch holandés/-esa
Holländisch holandés *m*
Hölle infierno
Holz madera
Holzpfahl palo
Homepage página web, página principal
Hometrainer bicicleta estática
Honduraner/in hondureño/-a
honduranisch hondureño/-a
Honduras Honduras
Honig miel *f*
Honigmelone melón *m*
Hör- auditivo/-a
Hör mal! ¡Oye! *(oír)*
hören oír *(yo oigo)*; *(zuhören)* escuchar
Hören Sie! ¡Oiga! *(oír)*
Horizont horizonte *m*
seinen Horizont erweitern abrir sus horizontes
Horrorfilm película de terror
Hörsaal aula
Hörverstehen comprensión *f* auditiva
Hose pantalón / pantalones *m*
Hosentasche bolsillo
Hotel hotel *m*; *(kleines ~)* hostal *m*
huaxtekisch huasteco/-a
hübsch guapo/-a
Huhn gallina
Hülsenfrüchte legumbres *f*
humanistisch humanístico/-a
humanitär humanitario/-a
Humor humor *m*
Humorist/in humorista *m/f*
Hund perro
hundert cien(to)
Hunger hambre *f*
hungrig hambriento/-a
Hurrikan huracán *m*
Husten tos *f*
Hustensaft jarabe *m* contra la tos
Hustensirup jarabe *m* contra la tos
Hut sombrero
Hütchen sombrerito
Hypothek hipoteca
Hypothese hipótesis *f*

I

i. A. (= im Auftrag) p. o. (= por orden)
iberische Halbinsel Península Ibérica
iberoamerikanisch iberoamericano/-a
ich yo
ich hätte gerne quería *(querer)*
ich selbst yo mismo/-a
ich würde gerne ... quería *(querer)*, me gustaría *(gustar)* ...
ideal ideal
Idealist/in idealista *m/f*
idealistisch idealista
Idee idea
identifizieren identificar
sich identifizieren (mit) identificarse (con)
Identifizierung identificación *f*
identisch idéntico/-a
Identität identidad *f*
ideologisch ideológico/-a
Idiot/in idiota *m/f*
idiotisch idiota
ignorieren ignorar
ihm / ihr / Ihnen le
ihn / sie / es lo / la
ihnen / Ihnen les
ihr *(Personalpronomen)* vosotros/-as
ihr / sein / Ihr/e su
illegal ilegal
Illustration ilustración *f*
Illustrator/in ilustrador/a
illustrieren ilustrar
illustriert ilustrado/-a
Image imagen *f*
immer siempre, cada vez
Immigrant/in inmigrante *m/f*
Immobilienagentur (agencia) inmobiliaria
Imperativ imperativo
Imperfekt imperfecto
Import importación *f*
importieren importar
Importware importación *f*
impressionistisch impresionista
improvisieren improvisar
impulsiv impulsivo/-a
imstande capaz
in en
in dem / der *(Relativpronomen)* donde
inaktiv inactivo/-a
inbegriffen incluido/-a
Indianer/in indio/-a
indianisch indio/-a
Indien India
Indio / Indiofrau indio/-a, indígena *m/f*
indirekt indirecto/-a
indirekte Rede estilo indirecto
individualisiert individualizado/-a
individuell individual, particular
Individuum individuo
industrialisieren industrializar
Industrie industria
industriell industrial
Industriestaat país *m* industrializado
Infinitiv infinitivo
Inflation inflación *f*
Informatik informática
Informatik- informático/-a
Informatiker/in informático/-a
Information información *f*
informativ informativo/-a
informell informal
(sich) informieren informar(se)
Info-Stand puesto de información
Infrastruktur infraestructura
Ingenieur/in ingeniero/-a
Ingenieurwesen ingeniería
Inhaber/in dueño/-a
Inhalt contenido
Initiative iniciativa
Inka inca *m/f*

Inka- incaico/-a
Innenarchitekt/in arquitecto/-a de interiores
Innenhof patio
innere/r/s interior
Inneres interior *m*
innerhalb von dentro de
innerlich interno/-a, interior; íntimo/-a
innovativ innovador/a
insbesondere en especial
Insekt bicho, insecto
Insel isla
insgesamt en total
inspirieren inspirar
sich inspirieren (lassen) inspirarse
installieren instalar
Instrument instrumento
intakt intacto/-a
integrieren integrar
intellektuell intelectual
Intellektuelle/r intelectual *m/f*
intelligent inteligente
Intensität intensidad *f*
intensiv *(Adj)* intensivo/-a, intenso/-a; *(Adv)* intensamente
interaktiv interactivo/-a
interessant interesante
Interesse interés *m*
Interessent/in interesado/-a
interessieren interesar
interkulturell intercultural
intermittierend intermitente
intern interno/-a
Internat internado
international internacional
Internet red *f*
interpretieren interpretar
Intervention intervención *f*
Interview entrevista
interviewen entrevistar
Interviewer/in entrevistador/a
intim íntimo/-a
intolerant intolerante
Intonation entonación *f*
investieren invertir *(ie)*
inzwischen entretanto, mientras tanto
Ire / Irin irlandés/-esa
irgendein/e algún / alguno/-a, cualquier/a
irgendeinmal alguna vez
irisch irlandés/-esa
Irland Irlanda
Ironie ironía
irrational irracional
irreal irreal
sich irren equivocarse, confundirse
irreparabel irreparable
irrtümlich equivocado/-a
islamisch islámico/-a
isoliert aislado/-a
Israeli israelí *m/f*
Ist das alles? ¿Es todo?
Ist es mit Knoblauch? ¿Lleva ajo?
Italien Italia
Italiener/in italiano/-a
italienisch italiano/-a
Italienisch italiano *m*

J

ja sí
Jacke chaqueta
Jackentasche bolsillo
Jahr año
... Jahre alt sein tener... años
... Jahre alt werden cumplir... años
ein Jahr alt (con) un año de antigüedad
im Jahr al año
mit ... Jahren a los... años
Jahrestag aniversario
Jahreszeit estación *f* (del año)
Jahrhundert siglo

jährlich anual
Jahrtausend milenio
Jahrzehnt década
Jakobsorden Orden *f* de Santiago
Jakobsweg Camino de Santiago
Jammer lástima
Januar enero
Japan Japón
Japaner/in japonés/-esa
japanisch japonés/-esa
Japanisch japonés *m*
je nachdem, ob según + *subj*
Jeans vaqueros *m*
jede/r/s cada (uno/-a), todo/-a
jedenfalls de todas formas, de todas maneras, de todos modos
jedermann todo el mundo
jedoch sin embargo
jemand alguien, algún / alguno/-a
jene/r/s aquel / aquello/-a
Jesus Christus Jesucristo
Jesuskind Niño Jesús
Jetbag portaequipajes *m*
jetzt ahora
Jogging footing *m*
Joghurt yogur *m*
Johannisnacht noche *f* de San Juan
Journalist/in periodista *m/f*
Jubiläum aniversario
Juckreiz picor *m*
Jude / Jüdin judío/-a
Judenviertel judería
jüdisch judío/-a
Jugend juventud *f*, adolescencia
Jugendherberge albergue *m* juvenil
Jugendkriminalität delincuencia juvenil
Jugendliche/r joven *m/f*, adolescente *m/f*
Jugendstil- modernista
Juli julio
jung joven
Junge *(Kind)* niño; *(Jugendlicher)* chico, muchacho
junge Leute jóvenes *m*
jünger menor
Jünger discípulo
Jungfrau virgen *f*
jüngste/r/s reciente
Juni junio
Justiz justicia

K

Kaffee café *m*
Kaffeelöffel cucharilla
Kaffeemaschine cafetera
Kaiman *(Krokodil)* caimán *m*
Kalbfleisch ternera
Kalender calendario; *(Taschen-)* agenda
Kaliber calibre *m*
kalt frío/-a
es ist kalt hace frío
Kälte frío
Kamel camello
Kamera cámara
Kamerad/in compañero/-a
Kamillentee manzanilla
Kamin chimenea
(sich) kämmen peinar(se)
Kampagne campaña
Kampf lucha
kämpfen luchar
Kanada Canadá
Kanadier/in canadiense *m/f*
kanadisch canadiense
Kanarische Inseln Islas Canarias
Kandidat/in candidato/-a
Kaninchen conejo
kantabrisch cantábrico/-a
Kantabrisches Meer Cantábrico
Kantine comedor *m*
Kanzler/in canciller *m/f*
Kapazität capacidad *f*

Kapital capital *m*
Kapitalismus capitalismo
kapitalistisch capitalista
Kapitän capitán *m*
kaputt roto/-a
Kapuze capucha
Karamellpudding flan *m*
Karfreitag Viernes *m* Santo
Karibik Caribe *m*, Mar *m* Caribe
karibisch caribeño/-a
kariert a cuadros
Karierung cuadrícula
Karikatur caricatura
Karneval carnaval *m*
Karte *(Speise-, Spiel-)* carta; *(Visiten-, Kredit-, Telefon-)* tarjeta
Karteikarte ficha
Karten spielen jugar a las cartas
Kartoffel patata; *(LA)* papa
Kartoffelomelett tortilla (española)
Karton cartón *m*
Karwoche Semana Santa
Käse (aus der Mancha) queso (manchego)
Kasino casino
Kasse caja; *(für Eintritts- bzw. Fahrkarten)* taquilla
Kasserolle cazuela
Kassette casete *f*
kastanienbraun castaño/-a
Kastilien Castilla
Kastilisch castellano
Kasus caso
Katalanisch catalán *m*
Katalog catálogo
Katalonien Cataluña
Katastrophe desastre *m*, catástrofe *f*
Kategorie categoría
Kathedrale catedral *f*
Katholik/in católico/-a
katholisch católico/-a
Katze gato
Kaufbeleg justificante *m* de compra
kaufen comprar
Käufer/in comprador/a
Kaufhaus grandes almacenes *m*
Kaufmann/-frau técnico/-a comercial
Kaugummi chicle *m*
kaum apenas
kehren barrer
kein/e no; ninguno/-a
Keine Ahnung. *(fam)* Ni idea.
keinesfalls de ninguna manera, de ningún modo
Keller sótano
Kellner/in camarero/-a
kennen (lernen) conocer *(zc)*
nicht kennen desconocer *(zc)*
Kenntnis conocimiento
Keramik cerámica
Kerl *(fam)* tipo
Kern *(Obst-)* hueso
Kern- nuclear
Kerze vela
Ketschua *(indian. Sprache in Peru)* quechua *m*
Kette *(Hals-)* collar *m*; *(Eisen-; Hotel-; Menschen-)* cadena
Kettenübung (en) cadena
Kilo kilo
Kilometer kilómetro
Kilometerzahl kilometraje *m*
kinästhetisch kinestésico/-a
Kind *(Junge / Mädchen)* niño/-a; *(Nachwuchs)* hijo/-a
Kinderbetreuung guardería
Kinderermäßigung descuento para niños
Kindergarten guardería
Kinderkrippe guardería
Kindersendung programa *m* infantil
Kindersitz asiento portabebés
Kindersterblichkeit mortalidad *f*

Kinderwagen cochecito de bebé
Kindheit niñez *f*, infancia
Kino cine *m*
Kiosk quiosco
Kirche iglesia
Kirsche cereza
Kiste caja
Klage queja
Klammeraffe @, arroba
Klang sonido
klar *(Adj)* claro/-a; *(Adv)* claro (que sí)
klären aclarar
Klasse clase *f*; *(Schul-)* grado
Klassenkamerad/in compañero/-a (de clase)
Klassenzimmer aula
Klassifikation clasificación *f*
Klassiker clásico
klassisch clásico/-a
Klavier piano
Klebeband celo
kleben pegar
klebrig pegajoso/-a
Kleid vestido
sich kleiden vestirse *(i)*
Kleiderbügel percha
Kleidung ropa
Kleidungsstück prenda (de ropa)
klein pequeño/-a; *(reduziert)* reducido/-a; *(Körpergröße)* bajo/-a
Klein- und Mittelbetriebe PYMES (= pequeñas y medianas empresas) *f*
Kleinasien Asia Menor
Kleinbuchstabe minúscula
kleiner menor
Kleingruppe grupo reducido
Kleinheit pequeñez *f*
Kleinigkeit cosita, pequeñez *f*
Klemme aprieto
klicken (auf) hacer clic (en)
Klima clima *m*
Klimaanlage aire *m* acondicionado
Klimazone zona natural
Klingel timbre *m*
Klinik clínica
Klinikum centro clínico
Klischee tópico
klopfen (an die Tür) tocar (a la puerta)
Kloster monasterio
knabbern picar
Knabberzeug *(Argentinien)* ingredientes *m*
knapp escaso/-a
Kneipe bar *m*
Knoblauch ajo
in Knoblauchsoße al ajillo
Knoblauchzehe diente *m* de ajo
Knochen hueso
Knochenmark médula
Knolle tubérculo
Knopf botón *m*
Koalition coalición *f*
Koch / Köchin cocinero/-a
kochen cocinar; *(garen)* cocer *(ue)*
Kochrezept receta de cocina
Kochtopf olla
Koffer maleta; *(Argentinien)* valija
Kofferraum maletero
Kohl col *f*
Kohlensäure gas *m*
Koka(pflanze) coca
Kollege/-in colega *m/f*, compañero/-a
Kollektiv *(Gruppe)* colectivo
kollidieren chocar
Köln Colonia
Kolonial- colonial
Kolonialstil estilo colonial
Kolonie colonia
Kolumbianer/in colombiano/-a
kolumbianisch colombiano/-a
Kolumbien Colombia

Kombination combinación *f*
kombinieren combinar
Komfort confort *m*; comodidades *f*
Komiker/in humorista *m/f*
komisch raro/-a
Komm schon. Venga.
Komma coma
kommen venir *(yo vengo, ie)*
kommende/r/s … que viene
Kommentar comentario
kommentieren comentar
Kommissar/in comisario/-a
Kommission comisión *f*
Kommunikation comunicación *f*
Kommunikationsmangel incomunicación *f*
Kommunikationsmittel medios de comunicación
Kommunikationsstörung incomunicación *f*
Kommunismus comunismo
Kommunist/in comunista *m/f*
kommunistisch comunista
kommunizieren comunicar
Komödie comedia
kompensieren compensar
Kompensierung compensación *f*
komplett completo/-a
komplex complejo/-a
Komplex complejo
Komplikation complicación *f*
Kompliment piropo
Komplimente machen lanzar piropos
komplizieren complicar
kompliziert complicado/-a
komponieren componer *(vgl. poner)*
Komposition composición *f*
Kompost compost *m*
Kondor cóndor *m*
Konfektion confección *f*
Konfektionsgröße talla
Konferenz conferencia
Konflikt conflicto
Kongress congreso
König/in rey / reina
Königs- real
Königshaus casa real
Konjugation conjugación *f*
konjugieren conjugar
Konjunktion conjunción *f*
konkret *(Adj)* concreto/-a; *(Adv)* en concreto
Konkurrenz competencia
konkurrenzfähig competitivo/-a
Konnektor conector *m*
können poder *(ue)*; *(imstande sein)* ser capaz (de); *(beherrschen)* saber
Können habilidad *f*
Konnossement conocimiento (de embarque)
konsequent consecuente
Konsequenz consecuencia
konservativ conservador/a
Konserve conserva
Konservierung conservación *f*
Konstruktion construcción *f*
Konsulat consulado
konsultieren consultar
Konsum consumo
Konsum- consumista
Konsument/in consumidor/a
Konsumverhalten *(übertriebenes ~)* consumismo
Kontakt contacto
Kontakt aufnehmen entrar en / establecer *(zc)* contacto
kontaktieren contactar
Kontext contexto
Kontinent continente *m*
Konto cuenta
Kontostand estado de cuenta
Kontrolle control *m*
kontrollieren controlar
Kontrollverlust falta de control

Konzentration concentración *f*
sich konzentrieren concentrarse
Konzert concierto
Konzession concesión *f*
neu konzipieren replantear
Kooperation cooperación *f*
kooperativ cooperativo/-a
Koordinator/in coordinador/a
Kopf cabeza; *(Münze)* cara
Kopfkissen almohada
Kopie copia
kopieren copiar
Kopierer fotocopiadora
Koppel dehesa
Korb cesta
Koriander cilantro
Korkenzieher sacacorchos *m*
Korn grano
Körnchen granito
Körper cuerpo
Körperhaltung postura
körperlich físico/-a
körperliche Arbeit trabajo físico / manual
Körperteil parte *f* del cuerpo
korrekt correcto/-a
korrigieren corregir *(i)*
Kosmetik cosmética
kosmopolitisch cosmopolita
kosten costar *(ue)*, valer
Wie viel kostet es? ¿Cuánto cuesta?
Kosten gastos; *(Ausgaben)* coste(s) *m*; *(Lasten)* cargo
auf Ihre Kosten und Gefahr por su cuenta y riesgo
auf Kosten des Hauses a cuenta de la casa
kostenlos gratuito/-a, gratis
Kostenvoranschlag presupuesto
köstlich delicioso/-a
Kostüm traje *m*
Kraft fuerza; *(Macht)* poder *m*
in Kraft treten entrar en vigor
Kraftfahrzeugwesen automoción *f*
Kraftstoff combustible *m*
krank enfermo/-a
Kranke/r enfermo/-a
Krankenhaus hospital *m*
Krankenpflege enfermería
Krankenpfleger/-schwester enfermero/-a
Krankenstation enfermería
Krankenwagen ambulancia
Krankheit enfermedad *f*
Krater cráter *m*
Krawatte corbata
kreativ creativo/-a
Kredit crédito
Kreditkarte tarjeta de crédito
Kreis círculo
Kreuzer crucero
Kreuzfahrt crucero
Kreuzung cruce *m*
Kreuzworträtsel crucigrama *m*
Krieg guerra
Kriminalität criminalidad *f*
Kriminalroman novela policíaca
kriminell criminal
Kriminelle/r criminal *m/f*
Krippe belén *m*
Krise crisis *f*
Kristall cristal *m*
Kriterium criterio
Kritiker/in crítico/-a
kritisch crítico/-a
kritisieren criticar
Krokette croqueta
Krokodil cocodrilo
Krone corona
Kuba Cuba
Kubaner/in cubano/-a
kubanisch cubano/-a
Küche cocina
Kuchen pastel *m*; torta; *(LA)* masa fina; *(Torte)* tarta
Küchenlumpen trapo de cocina
Küchenrolle rollo de papel

Kugelschreiber bolígrafo
Kuh vaca
kühl fresquito/-a
Kühlschrank nevera; *(LA)* refrigerador/a, heladera
Kult culto
Kultur *(künstlerisch)* cultura; *(menschlich)* civilización *f*
kulturell cultural
kultureller Verfall incultura
Kulturszene in Madrid movida madrileña
sich kümmern (um) *(sich beschäftigen mit)* encargarse (de); preocuparse (de)
Kunde/-in cliente/-a
Kundendienst atención *f* al cliente
Kundgebung manifestación *f*
künftig en lo sucesivo
Kunst arte *m*; artes *f*
Kunsthandwerk artesanía
Künstler/in artista *m/f*
künstlerisch artístico/-a
künstlich artificial
Kunststoff plástico
Kupfer cobre *m*
Kürbis calabaza
Kurort balneario
Kurs curso; *(Richtung)* rumbo
Kursivschrift cursiva
Kurve curva
kurz corto/-a
kurz davor sein zu estar a punto de
kurz und bündig breve
kurz und gut en fin, en resumen, total, en conclusión
in Kürze en breve
kürzen acortar
Kürzung reducción *f*; recorte *m*
Kuss beso
Küste costa

L

lächeln sonreír *(yo sonrío)*
lachen reír(se) *(yo me río)*
Lachen risa
zum Lachen bringen dar risa; hacer reír
Lachs salmón *m*
laden cargar
Ladenöffnungszeiten horarios comerciales
Lage estado; *(geographisch)* situación *f*
in der Lage sein (zu) estar en condiciones (de)
Lager depósito
lagern almacenar
Lagune laguna
Laie aficionado/-a
Laienbruderschaft cofradía
Lama llama
Lamm cordero
Lampe lámpara
Land *(Staat)* país *m*; *(dörfliche Gegend)* campo; *(Gebiet)* tierra
Landhaus *(Baskenland)* caserío
Landkarte mapa *m*
ländlich rural
Landschaft paisaje *m*
Landstraße carretera
Landwirt/in agricultor/a
Landwirtschaft agricultura
landwirtschaftlich agrícola
lang(e) largo/-a; *(zeitlich)* mucho tiempo
Lange sollst du leben! ¡Que cumplas muchos más!
Länge largo
Längengrad meridiano
Langeweile aburrimiento
langsam *(Adj)* lento/-a; *(Adv)* despacio
sich langweilen aburrirse
langweilig aburrido/-a
langweiliger Schinken *(fam)* rollo

Lappen trapo
Laptop ordenador *m* portátil
Lärm ruido
Laserpointer puntero láser
lassen dejar; *(veranlassen)* hacer + *inf*
Last cargo
zu Lasten von ... gehen correr a cargo de
lästig pesado/-a
Lastwagen camión *m*
Lateinamerika Latinoamérica, América Latina
Lateinamerikaner/in latino(americano)/-a
lateinamerikanisch latinoamericano/-a
Latino- latino/-a
Lauf *(Verlauf)* marcha
im Laufe von a lo largo de
laufen correr, marchar
Laufwerk reproductor *m*
Laune humor *m*
guter Laune de buen humor
laut *(lärmerfüllt)* ruidoso/-a; *(mit lauter Stimme)* alto, en voz alta; *(gemäß)* según
Lautsprecher altavoz *m*
Lebemann bohemio
leben vivir
Leben vida
lebendig vivo/-a
Lebensdauer vida útil
Lebenserwartung esperanza de vida
Lebenslauf c. v. (= currículum vitae) *m*
Lebensmittel alimento
Lebensraum *(natürlicher ~)* hábitat *m*
Lebensstandard nivel *m* de vida
Lebewesen ser *m* vivo
lebhaft vivo/-a
lecker rico/-a
sehr lecker riquísimo/-a
Leder cuero
ledig soltero/-a
leer vacío/-a
legen poner *(yo pongo)*; *(stellen)* colocar; *(hineinlegen)* meter
legendär legendario/-a
Legende leyenda
Lehre doctrina
Lehrer/in docente *m/f*; profe (= profesor/a) *m/f*; *(Grundschul-)* maestro/-a
Lehrgang cursillo
Lehrmethode método de enseñanza
leicht *(unkompliziert)* fácil; *(einfach)* simple; *(an Gewicht)* ligero/-a
leicht fallen resultar fácil
Leichtigkeit *(Einfachheit)* facilidad *f*; *(nicht schwer)* ligereza
leiden (an) sufrir; *(schlecht gehen)* pasarlo mal; *(erleiden)* padecer *(zc)*
(gut) leiden können caer bien
nicht gut leiden können caer mal
Leidenschaft pasión *f*
leidenschaftlich apasionado/-a
Leidensweg pasión *f*
leider desgraciadamente, lamentablemente
leidtun dar pena, sentir *(ie)*
Das tut mir aber leid! ¡Cuánto lo siento!
es tut mir leid lo siento *(sentir)*
leihen prestar
Leinwand pantalla de proyección
leise bajo; en voz baja
Leistung(sfähigkeit) potencia
leiten dirigir
leitende Position puesto directivo
Leiter/in jefe/-a, director/a, encargado/-a

Leitung *(Führung)* dirección *f*; *(Telefon-)* línea
Leitungswasser agua del grifo
Lektion unidad *f*
Lektüre lectura
lenken *(führen)* guiar *(í)*; *(Fahrzeug)* manejar, conducir *(zc)*
Leopard leopardo
Lepra lepra
lernen aprender, estudiar
Lernen aprendizaje *m*
Lerner/in alumno/-a, aprendiente *m/f*, estudiante *m/f*
Lernertyp tipo de aprendiente
Lerntechnik técnica de estudio
Lernziel objetivo
lesen leer
Lesen lectura
Leserbrief carta al director
Leseverstehen comprensión *f* lectora
Lesung lectura
letzte/r/s último/-a; *(entfernteste/r/s)* extremo/-a
letztendlich finalmente
leuchten alumbrar
leugnen negar *(ie)*
Leute gente *f*
Lexikon enciclopedia
liberal liberal
Licht luz *f*
Liebe amor *m*; *(Zuneigung)* cariño
liebe/r ... querido/-a...
liebe Grüße un beso
lieben querer *(ie)*, amar
einander lieben quererse *(ie)*
liebenswürdig amable
Liebenswürdigkeit amabilidad *f*
liebevoll cariñoso/-a, afectuoso/-a
Liebhaber/in *(Fan)* aficionado/-a
Lieblings- favorito/-a, preferido/-a
Lieblosigkeit desamor *m*
Lied canción *f*
Liedermacher/in cantautor/a
Liedtext letra
lieferbar disponible
Lieferbedingungen condiciones *f* de entrega
Lieferfrist plazo / tiempo de entrega
liefern entregar, suministrar
Lieferschein albarán *m*
Liefertermin fecha de entrega
Lieferung entrega
Liefervertrag contrato / demora de entrega
Lieferzeit plazo de entrega
Lifestyle-Sendung programa *m* del corazón
Liga liga
Limonade limonada
lindern aliviar
Linguist/in lingüista *m/f*
linguistisch lingüístico/-a
Linie línea
Link enlace *m*
linke/r/s izquierdo/-a
links (von) a la izquierda (de)
Lippe labio
List engaño
Liste lista
Liter litro
Literatur literatura
Lob *(Schmeichelei)* halago
loben alabar
Lobgesang canto
Loch agujero; *(Vertiefung)* hoyo
lockern relajar
lockig rizado/-a
Löffel *(Maß)* cuchara; *(Portion)* cucharada
logisch lógico/-a
Logo logotipo
Lohn salario
sich lohnen valer la pena

Lorbeerbaum laurel *m*
Los *(großes ~)* gordo
Los! ¡Vamos!
Los. Komm schon. Venga.
löschen apagar
lösen *(Aufgabe, Problem)* solucionar, resolver *(ue)*
Lösung solución *f*
Lotterie / Lotto lotería
im Lotto gewinnen tocar(le) la lotería
Luft aire *m*
Luft- aéreo/-a
an die Luft setzen poner de patitas en la calle
Lüge mentira
lügen mentir *(ie)*
Lumpen trapo
Lupe lupa
Lust (auf) gana(s) (de)
Lust bekommen (zu) animarse (a)
Lust haben auf apetecer *(zc)*
Lust haben zu tener ganas de
lustig divertido/-a, gracioso/-a
Wie lustig! ¡Qué risa!
Lutscher chupa chups *m*
Luxemburg Luxemburgo
luxuriös lujoso/-a
Luxus lujo

M

machen hacer *(yo hago)*; *(verwirklichen)* realizar
Macht poder *m*
Machtübernahme toma del poder
Mädchen *(Kind)* niña; *(Jugendliche)* chica, muchacha
Madrider/in madrileño/-a
Magazin *(Illustrierte)* magazine *m*; *(Zeitschrift)* revista
Magen estómago
mager flaco/-a
Magersucht anorexia
magisch mágico/-a
Magnet imán *m*
Mahlzeit comida
mahnen reclamar
Mai mayo
Mais maíz *m*; *(LA)* choclo
Mais-Chips *(Mexiko)* nachos de maíz
Maisfladen *(Mexiko)* tortilla; *(gefüllt)* taco
Maisfladen mit Käse *(Mexiko)* quesadilla
makaber macabro/-a
Mal vez *f*
jedes Mal cada vez *f*
zum letzten Mal por última vez
Malediven Maldivas
malen pintar
Maler/in pintor/a
Malerei pintura
malerisch pintoresco/-a
Maloche *(fam)* curro
man se
Manager/in ejecutivo/-a
manchmal a veces, algunas veces
Mandarin (chino) mandarín *m*
Mandarine mandarina
Mandel almendra
Mangel (an) falta (de)
mangelhaft imperfecto/-a
manipulatorisch manipulador/a
manipulieren manipular
Mann hombre *m*; *(fam)* tipo
männlich masculino/-a
Mannschaft equipo
Mantel abrigo
Mantille *(Schleiertuch)* mantilla
Märchen cuento
Marine Marina
Marke marca
Marketingabteilung departamento de márketing
markieren marcar

Markt mercado
auf den Markt bringen lanzar
Marktlücke hueco de mercado
Marktstand puesto (del mercado)
Marmelade mermelada
Marmor mármol *m*
März marzo
Maschine máquina
Maske máscara
Maskottchen mascota
Maß medida
in dem Maße wie a medida que
in hohem Maße en gran manera
Massage masaje *m*
Masse masa
maßgeschneidert a medida
maßlos excesivo/-a
Maßnahme medida
Master *(Studium)* máster *m*
Material material *m*
Mate-Tee mate *m*
Mathematik matemáticas *f*
Mauer muro; *(Stadtmauer)* muralla
Maure/-in moro/-a
maurisch moro/-a
Maus *(Tier, Computer)* ratón *m*
Mauszeiger cursor *m* (del ratón)
Maximum máximo
Maya maya
Mayonnaise mayonesa
Mechaniker/in mecánico/-a
mechanisch mecánico/-a
Medien medios de comunicación
Medikament medicamento
Medikamente medicación *f*
Meditation meditación *f*
Medizin medicina
Medizin- medicinal
medizinisch *(ärztlich)* médico/-a, *(arzneilich)* medicinal
Meer mar *m*
Meeres- marino/-a, marítimo/-a
Meeresblick vista al mar
Meeresboden fondo del mar
Meeresfrüchte mariscos *m*
Meernymphe nereida
Megawatt megavatio
Mehl harina
mehr más
mehr … als más… que
mehr als más de *(+ Zahl)*
mehr oder weniger más o menos
mehrere varios/-as, diversos/-as
Mehrheit mayoría
Mehrzahl plural *m*
Mein Gott! ¡Dios mío!
mein/e *(unbetont)* mi
meine/r/s *(betont)* mío/-a
meinen opinar
Meinung opinión *f*, juicio
meiner Meinung nach a mi juicio, a mi parecer
Meinungsfreiheit libertad *f* de expresión
Meinungsverschiedenheit diferencia, desacuerdo
Meister/in maestro/-a; *(Sport)* campeón/-ona
Meisterwerk obra maestra
melancholisch melancólico/-a
melden notificar
Melodie melodía
Melone *(Honig-)* melón *m*
Menge cantidad *f*
Mensch hombre *m*
Menschenrechte derechos humanos
Menschheit humanidad *f*
menschlich humano/-a
menschliches Wesen ser *m* humano
Menschlichkeit humanidad *f*
Mentalität mentalidad *f*
Menü menú *m*
Meridian meridiano
merken darse cuenta (de)
Merkmal característica

Messbuch libro de misa
Messe *(Kirche)* misa; *(Ausstellung)* feria
messen medir *(i)*
Messer cuchillo
Mestize/-in mestizo/-a
Metall metal *m*
aus Metall metálico/-a
Meter metro
Metro metro; *(LA)* subte *m* (= subterráneo)
Metropole metrópolis *f*
Metzgerei carnicería
Mexikaner/in mexicano/-a
mexikanisch mexicano/-a
Mexiko México
Mexiko-City México, D.F.
mich me
Miene cara
Miete alquiler *m*; *(LA)* renta
mieten alquilar
Migräne migraña
Migration migración *f*
Mikrofon micrófono
Mikrowelle microondas *m*
Milch leche *f*
mildern aliviar
Militärangehörige/r militar *m/f*
Militärdiktatur dictadura militar
Militärputsch golpe *m* militar
Million millón *m*
Millionär/in millonario/-a
Mimik mímica
Minderheit minoría
minderjährig menor de edad
Minderjährige/r menor *m/f* (de edad)
Mindest- mínimo/-a
mindestens por lo menos, al menos, como mínimo
Mindmap mapa *m* asociativo
Mineralwasser agua *f* mineral
Miniatur miniatura
Minibar minibar *m*
Minimum mínimo
Minirock minifalda
Minister/in ministro/-a
Ministerpräsident/in presidente/-a del gobierno
Minute minuto
mir *(unbetont)* me; *(betont)* a mí
mischen mezclar
Mischling mestizo/-a
Mischung mezcla
Missbrauch abuso
misshandeln maltratar
misslingen fallar
misstrauen sospechar
Misstrauen sospecha
Missverständnis malentendido
mit con
mit dir contigo
(ich verbleibe) mit freundlichen Grüßen (sin otro particular, le saluda) atentamente
mit mir conmigo
Mitarbeiter/in colaborador/a
Mitbewohner/in compañero/-a de piso
mitbringen traer *(yo traigo)*; *(hinbringen)* llevar
miteinander sprechen comunicarse (con)
Mitglied miembro; *(eines Vereins)* socio/-a
Mitgliedsstaat país *m* miembro
mitnehmen llevar(se)
Mittag mediodía *m*
Mittagessen comida, almuerzo
mittags al mediodía
Mittagsruhe siesta
Mittagsschlaf halten dormir *(ue)* la siesta
Mitte centro, medio
Mitte … a mediados de
mitteilen comunicar, hacer saber
Mitteilung *(Nachricht)* mensaje *m*, recado; notificación *f*

Mittel medio, medida, instrumento; *(Gelder)* fondos, recursos
Mittelalter Edad *f* Media
mittelalterlich medieval
Mittelamerika Centroamérica
Mitteleuropa Europa Central
mittelgroß mediano/-a
Mittelmeer Mediterráneo
Mittelmeer- mediterráneo/-a
mittels mediante
Mittelschicht clase *f* media
mittelständisch mediano/-a
Mittelstufe grado medio
Mitternacht medianoche *f*
mittlere/r/s medio/-a; *(durchschnittlich)* mediano/-a; *(Qualität)* intermedio/-a
mittlerer Bildungsabschluss Título de Graduado en ESO
Mittlerer Osten Oriente *m* Medio
Mittwoch miércoles *m*
mitwirken participar; *(Theater, Film)* actuar *(ú)*; *(zusammenarbeiten)* colaborar
Mitwirkung participación *f*
Mixer batidora
mixtekisch mixteco/-a
Möbel muebles *m*
Möbelstück mueble *m*
Mobiliar mobiliario
Mobilität movilidad *f*
möblieren amueblar
möbliert amueblado/-a
Modalkonstruktion construcción *f* modal
Mode moda
Modell modelo
Modenschau desfile *m* de moda
moderieren moderar
modern moderno/-a
Moderne modernidad *f*
Modus modalidad *f*
mögen *(gern haben, wollen)* querer *(ie)*; *(zusagen)* apetecer *(zc)*
möglich posible
Möglichkeit posibilidad *f*; *(Wahl-)* opción *f*
Monat mes *m*
dieses Monats del presente (mes)
Mönch monje *m*
Mond luna
Monitor monitor *m*
Monolith monolito
Montag lunes *m*
Monument monumento
monumental monumental
Moral moral *f*; *(Fabel)* moraleja
moralisch moral
Mörder/in asesino/-a
morgen mañana
Morgen mañana
Morgendämmerung madrugada
morgendlich matinal
morgens por la mañana
Moschee mezquita
Moses Moisés
Moskau Moscú
Motiv motivo
Motivation motivación *f*
motivieren motivar
motiviert motivado/-a
Motor motor *m*
Motorrad moto(cicleta) *f*
Motorradfahrer/in motorista *m/f*
MP3-Player reproductor *m* MP3
müde cansado/-a
müde werden cansarse
Müdigkeit *(Erschöpfung)* cansancio; *(Schläfrigkeit)* somnolencia
Mühle *(Brettspiel)* tres en raya
Müll basura, residuos
Mülleimer cubo de basura
Müller/in molinero/-a
multinational multinacional
Mund boca
mündlich oral
Münze moneda
Muschel(schale) concha

Museum museo
Musik música
Musik- musical
musikalisch musical
Musiker/in músico/-a
Musikinstrument instrumento musical / de música
Muskel músculo
Muße ocio
müssen deber, necesitar + *inf*; *(Zwang, Notwendigkeit)* tener que
man muss hay que
man muss nicht no hay que
Muster muestra
Mustermesse feria de muestras
Mut ánimo
Mutter madre *f*
Mutter Erde Madre *f* Tierra; *(LA)* Pachamama
Muttersprache idioma *m* materno, lengua materna
Muttersprachler/in *(span. ~)* hispanohablante *m/f*
Mutti *(fam)* mami
Mythologie mitología
mythologisch mitológico/-a

N

Na so etwas! ¡Vaya!
Nabel ombligo
nach *(Richtung)* a, hacia; *(Flugzeug)* con destino a; *(zeitlich, Reihenfolge)* después de, tras; *(laut)* según…
nach Belieben al gusto
nach Hause a casa
nach hinten atrás
nach Rioja-Art a la riojana
nach und nach poco a poco, sucesivamente
nachahmen imitar
Nachahmer/in imitador/a
Nachahmung imitación *f*
Nachbar/in vecino/-a
Nachbarschaft vecindad *f*
Nachbau reconstrucción *f*
nachdem después de
Nachdruck énfasis *m*
nacheinander sucesivamente
Nachfrage demanda
nachhaltig sostenible
nachkommen *(Wunsch, Bitte)* atender *(ie)*
Nachlass descuento
Nachmittag tarde *f*
nachmittags por la tarde; *(Uhrzeit)* de la tarde; p. m. (= post meridiem)
Nachnahme reembolso
per Nachnahme contra reembolso
Nachname apellido
Nachricht noticia; *(Mitteilung)* recado, nota, mensaje *m*
Nachrichten *(Radio, Telefon)* noticias *f*; *(Fernsehen)* telediario
Nachrichtensendung informativo
nachschlagen consultar
Nachsilbe sufijo
nächste/r/s próximo/-a; *(folgende/r/s)* siguiente; … que viene
Nacht noche *f*
Nachteil desventaja, inconveniente *m*
Nachtisch postre *m*
Nachtleben vida nocturna
nächtlich nocturno/-a
nachts por la noche, de noche
Nachweis certificación *f*
nachweisen justificar
Nagetier roedor *m*
nahe cerca (de)
in der Nähe (von) cerca (de); por aquí
nahe gelegen cercano/-a, próximo/-a
nahelegen sugerir *(ie)*

sich nähern acercarse (a)
nähren alimentar
Nahrung(smittel) alimento
Naja. ¡Vaya!
Name nombre *m*
Auf welchen Namen? ¿A nombre de quién?
im Namen von en representación de
nämlich es que…
Nase nariz *f*; *(fam)* narices *f*
nass machen mojar
Nation nación *f*
National- nacional
Nationalfeiertag fiesta nacional
Nationalpark parque *m* nacional
Natur naturaleza
Natur- natural
natürlich *(Adj)* natural, *(logisch)* lógico/-a; *(Adv)* naturalmente, *(offensichtlich)* evidentemente
Natürlich! ¡Claro (que sí)! ¡Cómo no!
Natürlichkeit naturalidad *f*
Naturpark parque *m* natural
Naturschutzgebiet parque *m* natural, reserva (natural)
Naturwissenschaften Ciencias (Naturales)
Navigationsgerät navegador *m*
Nebel niebla
neben al lado de, junto a
Nebendarsteller/in actor / actriz secundario/-a
Nebensatz oración *f* subordinada
Neffe sobrino
negativ negativo/-a
nehmen tomar
Neid envidia
Neigung afición *f*
nein no
Nein! ¡Que no!
Nelke clavel *m*
nennen nombrar; *(zitieren)* citar
Nerven nervios
Nervenzusammenbruch ataque *m* de nervios
nervös nervioso/-a
nervös machen poner nervioso/-a
nett simpático/-a; *(freundlich)* amable; *(angenehm)* agradable
Netz *(Internet)* red *f*
neu nuevo/-a
neue/r/s *(jüngst, vor Kurzem geschehen)* reciente
neues Jahr Año Nuevo
Ein glückliches neues Jahr! ¡Feliz / Próspero Año Nuevo!
Neugier curiosidad *f*
neugierig curioso/-a, intrigado/-a
Neuheit novedad *f*
Neujahr Año Nuevo
neulich el otro día
neun nueve
neunhundert novecientos/-as
neunte/r/s noveno/-a
neunzehn diecinueve
neunzig noventa
Neuseeland Nueva Zelanda
New York Nueva York
Nicaragua Nicaragua
Nicaraguaner/in nicaragüense *m/f*
nicaraguanisch nicaragüense
nicht no
nicht (wahr)? ¿no?, ¿verdad?; *(LA)* ¿ves?
nicht dürfen no deber + *inf*
nicht einmal ni siquiera; no… ni
nicht fertig werden mit no poder *(ue)* con
nicht mehr ya no
nicht nur …, sondern auch no sólo… sino también
Nichte sobrina
Nichtraucher/in no fumador/a
nichts nada

nichts anderes übrigbleiben, als no tener más remedio que
nichts zu danken de nada
Nichtstun *(Muße)* ocio
Nichtzahlung impago
nie nunca
Niederlande Países *m* Bajos
sich niederlassen establecerse *(zc)*
Niederlassung sucursal *f*
niedrig bajo/-a
niemals jamás
niemand nadie
Niveau nivel *m*
Nobelpreis Premio Nobel
noch aún, todavía
noch ein/e otro/-a
noch einmal otra vez
noch etwas ... un poco más de...
Noch etwas? ¿Algo más?
noch nicht todavía no
noch nie (no...) nunca
nonverbale Kommunikation lenguaje *m* no verbal
Nordamerika Norteamérica
nordamerikanisch norte-americano/-a
Norden norte *m*
Norm norma
normal normal
normalerweise normalmente
Normalität normalidad *f*
Norwegen Noruega
Norweger/in noruego/-a
norwegisch noruego/-a
Not aprieto
Note nota
eine Note schreiben sacar una nota
notieren *(aufschreiben)* anotar, apuntar
nötig necesario/-a
nötig sein hacer falta
Notiz nota, apunte *m*
sich Notizen machen tomar nota
Notizbuch agenda
Notwendigkeit necesidad *f*
November noviembre *m*
Nudeln pasta
Nuklear- nuclear
null cero
Nummer número
Nummernschild *(LA)* número de patente
nun ... pues, bueno
nur sólo, solamente; simplemente; únicamente
nutzen servir; *(Rohstoff, Gelegenheit)* aprovechar; *(funktionieren)* valer
etwas nützen servir *(i)* de algo
nützlich útil, conveniente
Nützlichkeit utilidad *f*
Nymphe ninfa

O

ob si
Obdach abrigo
Obdachlose/r persona sin casa
oben arriba
oben(drauf) encima
Oberfläche superficie *f*
oberflächlich superficial
Oberschicht clase *f* alta
Oberstufe grado superior
Objekt objeto
objektiv objetivo/-a
Objektpronomen pronombre *m* de objeto
obligatorisch obligatorio/-a
Obst fruta
Obstkern hueso
Obstladen/-stand frutería
obwohl aunque
oder o; *(zwischen Zahlen)* ó; *(vor o-, ho-)* u
oder aber o bien

offen *(geöffnet)* abierto/-a; *(ehrlich)* francamente
offensichtlich evidente(mente)
öffentlich público/-a
offiziell oficial
öffnen abrir
Öffnung apertura
Öffnungszeit horario (de apertura)
oft a menudo, muchas veces, mucho
Wie oft? ¿Cuántas veces?
oh ah
ohne (zu) sin *(+ inf)*
ohne dass sin que + *subj*
Ohr oreja
Ökologie ecología
ökologisch ecológico/-a
Oktober octubre *m*
Öl aceite *m*
Olive aceituna
Olivenöl aceite *m* de oliva
Ölpest marea negra
Öltanker barco petrolero
olympisch olímpico/-a
Oma abuel(it)a
Omelett tortilla
Onkel tío
online en línea
Online-Shop tienda electrónica
Opa abuel(it)o
Oper ópera
Operation operación *f*
operieren operar
Opfer víctima
Opposition oposición *f*
Optimismus optimismo
optimistisch optimista
Orange naranja
orangefarben naranja
Orchester orquesta
Orchidee orquídea
Orden orden *f*
ordentlich ordenado/-a
ordinär vulgar
ordnen ordenar; *(klassifizieren)* clasificar
Ordner *(Akten-)* archivador *m*; *(Computer)* archivo
Ordnung orden *m*
in Ordnung *(einverstanden)* vale
ordnungsgemäß *(Adj)* conveniente; *(Adv)* convenientemente, debidamente
Organ órgano
Organigramm organigrama *m*
Organisation organización *f*
organisieren organizar
organisiert organizado/-a
orientalisch oriental
sich orientieren orientarse
Orientierung orientación *f*
Original- original
originell original
Ort *(Platz)* lugar *m*; *(Dorf, Stadt)* localidad *f*
örtlich local
Osten este *m*
Osterinsel Isla de Pascua
Ostern Pascua(s)
Österreich Austria
Österreicher/in austríaco/-a
österreichisch austríaco/-a
Ostersonntag Domingo de Pascua / Gloria, Pascua de Resurrección
östlich oriental
Overheadprojektor proyector *m* de transparencias
Ozonloch agujero de ozono

P

Paar *(Lebewesen)* pareja; *(Dinge)* par *m*
Päckchen paquete *m*
Palast palacio
Palästinenser/in palestino/-a

palästinensisch palestino/-a
Palette paleta
Palme palmera
Panama Panamá
Panamaer/in panameño/-a
panamaisch panameño/-a
paniert a la romana
Panik pánico
Panne avería
Panorama- panorámico/-a
Papagei papagayo
Papier papel *m*
Papierkorb papelera
Pappe cartón *m*
Paprika pimiento
Paprikapulver pimentón *m*
Paprikawurst *(luftgetrocknet)* chorizo
Papst Papa *m*
Parabolantenne antena parabólica
Paradies paraíso
paradiesisch paradisíaco/-a
Paraguay Paraguay
Paraguayer/in paraguayo/-a
paraguayisch paraguayo/-a
parallel *(Adj)* paralelo/-a; *(Adv)* paralelamente
Parfüm perfume *m*
Parfümerie perfumería
Park parque *m*
parken aparcar
Parkplatz aparcamiento
Parlament parlamento
Partei partido
Partizip participio
Partner/in pareja
Partnerschaftsverein asociación *f* de hermanamiento
Partnerstadt ciudad *f* hermanada
eine Partnerstadt haben estar hermanado/-a
passen *(Platz haben)* caber; *(Kleidung)* quedar; *(stehen, kleiden)* sentar *(ie)*; *(genehm sein)* convenir *(vgl. venir)*
passend justo/-a, adecuado/-a
passieren pasar
Passieren pasaje *m*
Passion pasión *f*
Passiv voz *f* pasiva
Passwort clave *f* de acceso, clave *f* personal
Pate werden (von) apadrinar
Patenkind ahijado/-a
Patenschaft apadrinamiento
Patient/in paciente *m/f*
Pauschalreise viaje *m* organizado
Pause *(Unterbrechung)* pausa; *(Schule)* recreo; *(Ruhe)* descanso
Pazifik Pacífico
Pech desgracia
So ein Pech! ¡Qué mala pata!
Pelzgeschäft peletería
Pension pensión *f*; hostal *m*; *(Ruhestand)* jubilación *f*
pensioniert jubilado/-a
per por
perfekt *(Adj)* perfecto/-a; *(Adv)* perfectamente
Perfekt perfecto
Perfektion perfección *f*
Perle perla
Person persona; *(Gestalt)* personaje *m*
Person des Vertrauens persona de confianza
Personal personal *m*
Personalabteilung departamento de recursos humanos
Personalausweis D.N.I. *m*, documento nacional de identidad
Personalführung gestión *f* de personal
Personalien datos personales
Personalpronomen pronombre *m* personal

persönlich *(Adj)* personal; *(Adv)* personalmente; *(selbst)* en persona
Persönlichkeit personalidad *f*
Perspektive perspectiva
Peru Perú
Peruaner/in peruano/-a
peruanisch peruano/-a
Pesete peseta
Pessimismus pesimismo
Pessimist/in pesimista *m/f*
pessimistisch pesimista
Pest peste *f*
Pfad sendero, senda
Pfanne sartén *f*
Pfarrer cura *m*
Pfeffer pimienta
pfeifen silbar
Pferd caballo
Pfingsten Pentecostés *m*
Pfirsich melocotón *m*; *(LA)* durazno
Pflanze planta
Pflanzenwelt flora
Pflaster tirita
pflegen cuidar
pflegen zu ... soler *(ue)* + *inf*, acostumbrar (a)
Pflichtversicherung seguro obligatorio
pflücken recoger
Pförtner/in portero/-a
Phänomen fenómeno
Philippine/-in filipino/-a
Philippinen Filipinas
philippinisch filipino/-a
Phobie fobia
Phönizier/in fenicio/-a
phönizisch fenicio/-a
Physik física
Pianist/in pianista *m/f*
picken picar
Pilger/in peregrino/-a
Pilgerei peregrinación *f*
Pille píldora
Pilot/in piloto *m/f*
Pinguin pingüino
Pinsel pincel *m*
Piranha piraña
Pirat pirata *m*
Plakat cartel *m*, póster *m*
Plan *(Karte)* plano; *(Vorhaben)* plan *m*
planen planear; *(entwerfen)* proyectar
Planet planeta *m*
Plantage plantación *f*
Planung planificación *f*
Plastik plástico
plateresk plateresco/-a
Platz *(öffentlicher ~)* plaza; *(Ort)* lugar *m*; *(Sport-)* campo; *(Raum)* sitio
plaudern charlar
Plenum pleno
plötzlich *(Adj)* súbito/-a; *(Adv)* de pronto, de repente
Plusquamperfekt pluscuamperfecto
Pöbel chusma
Poesie poesía
Pole/-in polaco/-a
Polen Polonia
Politik política
Politiker/in político/-a
Politikwissenschaften Ciencias Políticas
politisch político/-a
politisieren politizar
Polizei policía *f*
Polizeieinheit destacamento (de policía)
polizeiliches Führungszeugnis certificado de antecedentes penales
Polizeirevier comisaría
Polizist/in policía *m/f*, agente *m/f* de policía

polnisch polaco/-a
Pommes frites patatas fritas
Portion porción *f*, ración *f*
Portugal Portugal
Portugiese/-in portugués/-esa
portugiesisch portugués/-esa
Portugiesisch portugués *m*
Porzellan porcelana
Position posición *f*
positiv positivo/-a; *(optimistisch)* favorable
Possessivpronomen (pronombre *m*) posesivo
Post *(Briefpost)* correo; *(Institution; Postamt)* Correos *m*
mit getrennter Post por correo aparte / separado
Postanweisung giro postal
Posten cargo
Poster póster *m*
Postfach apartado (de Correos)
Postleitzahl código postal
potenziell potencial
Pracht esplendor *m*
prächtig lujoso/-a
präkolumbisch precolombino/-a
Praktikum (período de) prácticas
praktisch práctico/-a
praktizieren practicar
Praline bombón *m*
Prämie premio
Präposition preposición *f*
Präsentation presentación *f*
Präsident/in presidente *m/f*
Praxis práctica
präzise preciso/-a
Preis *(Kaufpreis)* precio; *(Auszeichnung)* premio
Preisliste lista de precios
Premiere estreno
Premierminister/in Primer/a Ministro/-a
Presse prensa
Pressekonferenz rueda de prensa
Priester cura *m*
primitiv primitivo/-a
Prinz príncipe *m*
Prinzip principio
Priorität prioridad *f*
privat privado/-a
Privatleben vida privada / personal
Privatperson particular *m*
Privatschule academia
pro por
Probe prueba
auf die Probe stellen poner a prueba
Probezeit período de prueba
probieren probar *(ue)*
Problem problema *m*; *(Frage)* cuestión *f*
problematisch problemático/-a
Produkt producto
Produktion producción *f*
Produzent/in productor/a
Professionalität profesionalidad *f*
Professor/in profesor/a
profitieren von aprovecharse de
Programm programa *m*
programmieren programar
Programmierer/in programador/a
Programmierung programación *f*
Projekt proyecto
Promenade paseo
Promille por mil
Pronomen pronombre *m*
Propaganda propaganda
Proportion proporción *f*
Prospekt folleto, prospecto
Protest protesta
protestieren protestar
Provinz provincia
Provinz(ial)- provincial
Provision comisión *f*
Provokation provocación *f*
Prozent por ciento
Prozentsatz porcentaje *m*

Prozession procesión *f*
prüfen examinar
Prüfung prueba, examen *m*
Psychologe/-in psicólogo/-a
Public Relations Relaciones *f* Públicas
Publikum público
Puerto Rico Puerto Rico
Puerto-Ricaner/in puertorriqueño/-a
puerto-ricanisch puertorriqueño/-a
Pullover jersey *m*
Puls pulso
den Puls messen tomar el pulso
pummelig gordito/-a
Punkt punto; *(Uhrzeit)* en punto
pünktlich *(Adj)* puntual; *(Adv)* puntualmente; en punto
Punktzahl puntuación *f*
Puppe muñeca, *(große ~)* muñecón *m*
Püree puré *m*
purpurrot púrpura
Putsch golpe *m* de estado
putzen limpiar
Putzmittel limpiador *m*
Pyramide pirámide *f*
Pyrenäen Pirineos

Q

Quadrat cuadrado
quadratisch cuadrado/-a
Quadratmeter metro cuadrado
quälen *(foltern)* torturar; *(misshandeln)* maltratar
Qualifikation calificación *f*
Qualität *(Waren-)* calidad *f*; *(Eigenschaft)* cualidad *f*
Quelle fuente *f*
Quizsendung concurso
Quote cuota

R

Rachen garganta
sich rächen vengarse
Rad rueda
Radfahrer/in ciclista *m/f*
radieren borrar
Radiergummi goma (de borrar)
radikal radical
Radio radio *f*
Radiosender emisora de radio
Rahmen marco
am Rande von al borde de
Randgruppe colectivo marginado
Rangliste ránking *m*
Ranking ránking *m*
Rasierapparat afeitadora
sich rasieren afeitarse
rassistisch racista
Rate tasa
raten *(erraten)* adivinar; *(empfehlen)* aconsejar
Rathaus ayuntamiento
rational racional
rationieren racionar
ratsam aconsejable
Ratschlag consejo
Rätsel adivinanza; *(schwieriges ~)* rompecabezas *m*
Räuber ladrón *m*
Rauch humo
rauchen fumar
Raucher/in fumador/a
Raum espacio
Raus! ¡Fuera!
reagieren reaccionar
Reaktion reacción *f*
real real
realisieren hacer realidad
realistisch realista
Realität realidad *f*
Rebhuhn perdiz *f*
rechnen (mit) *(Mathematik)* calcular; *(sich verlassen auf, in Betracht ziehen)* contar *(ue)* con

Rechnung *(Berechnung)* cálculo; *(Abrechnung)* cuenta; *(Warenrechnung)* factura
auf Ihre Rechnung por su cuenta y riesgo
Rechnungswesen departamento de contabilidad
Recht *(Berechtigung; Rechtsordnung)* derecho; razón *f*
Recht haben tener razón *f*
rechte/r/s derecho/-a
rechtlich legal; *(gesetzlich)* jurídico/-a
rechts a la derecha
Rechtsabteilung departamento jurídico
Rechtsanwalt/-anwältin abogado/-a
Rechtschreibung ortografía
rechtzeitig a tiempo
recyceln reciclar
Recycling reciclaje *m*
Recyclingpapier papel *m* reciclado
Rede discurso
Es ist nicht der Rede wert. No es para tanto.
Redemittel recursos
Redensart expresión *f* popular
reduzieren reducir *(zc)*
reduziert reducido, rebajado/-a
Reduzierung reducción *f*
Referenz referencia
reflektieren repensar *(ie)*
Reflex reflejo
reflexives Verb verbo reflexivo
Reflexivpronomen (pronombre *m)* reflexivo
Reform reforma
reformieren reformar
Regel *(Vorschrift)* regla; *(Norm)* norma
regelmäßig regular(mente)
regeln arreglar
Regelung regulación *f*
Regen lluvia
Regenmantel impermeable *m*
Regenschauer chubasco
Regenschirm paraguas *m*
Regenzeit temporada de lluvias
Regie dirección *f*
regieren gobernar *(ie)*
Regierung gobierno
Regierungszeit período de gobierno
Regime régimen *m*
Region región *f*
Region Madrid Comunidad *f* de Madrid
regional regional
Regisseur/in director/a (de cine)
sich registrieren lassen registrarse
regnen llover *(ue)*
regulieren regular
Regulierung regulación *f*
reich rico/-a
Reich imperio
reichlich abundante
Reichtum riqueza
reif maduro/-a
Reifen neumático
Reifeprüfung Prueba General de Bachillerato
Reifezeugnis Título de Bachiller
Reihe fila; *(Anzahl)* serie *f*; *(Reihenfolge)* turno
an die Reihe kommen *(mit Reden)* tener un turno de palabra
eine Reihe von una serie de
Reihenfolge orden *m*
reihum por turnos
Reim rima
rein puro/-a
Reinigung limpieza
Reinigungsmittel detergente *m*
Reis arroz *m*

Reise viaje *m*; tour *m*
auf Reisen de viaje
eine Reise machen ir de viaje
Reisebüro agencia de viajes
Reiseführer *(Buch)* guía turística
Reiseleiter/in guía *m/f* (de turismo)
reisen viajar
reisend viajero/-a
Reisende/r viajero/-a; *(Passagier/in)* pasajero/-a
Reisepass pasaporte *m*
Reisescheck cheque *m* de viaje
Reiseverkehrskaufmann/-frau agente *m/f* de viaje
Reisgericht *(Spanien)* paella
reiten ir / montar a caballo
Reitweg ruta ecuestre
Reklamation reclamación *f*
reklamieren reclamar
rekonstruieren reconstruir *(y)*
Rekonstruktion reconstrucción *f*
Rekrutierung reclutamiento
relativ *(Adj)* relativo/-a; *(Adv)* relativamente
Relativpronomen (pronombre *m*) relativo
Relativsatz oración *f* de relativo
Religion religión *f*
religiös religioso/-a
Renaissance- renacentista
rennen correr
Rentner/in jubilado/-a
Reparatur reparación *f*
reparieren reparar
Reportage reportaje *m*
Reporter/in reportero/-a
repräsentativ representativo/-a
Reptil reptil *m*
Republikaner/in republicano/-a
republikanisch republicano/-a
Reserve reserva
reservieren reservar
Reservierung reserva
Respekt respeto
respektieren respetar
respektvoll respetuoso/-a
Ressourcen recursos
Rest resto
Restaurant restaurante *m*
restauriert restaurado/-a
Rettich rábano
Rettung socorro
Rettungswache puesto de socorro
revidieren reconsiderar
Revolution revolución *f*
revolutionär revolucionario/-a
Revolver revólver *m*
Rezept receta
Rheuma reuma *m*
Rhythmus ritmo
richtig *(korrekt)* correcto/-a; *(wahr)* verdadero/-a
Richtung dirección *f*; *(Fahrt-)* rumbo
in Richtung hacia, en dirección a
riechen oler *(yo huelo)*
Riese gigante *m*
riesig grandón/-ona, enorme
Risiko riesgo
Ritual ritual *m*
rituell ritual
Rock falda
roh crudo/-a
Rohstoff materia prima
Rolle *(Film-, Theater-)* rol *m*, papel *m*; *(Gerolltes; Küchen-)* rollo; *(Foto)* carrete *m*
Roman novela
romanisch románico/-a
romantisch romántico/-a
römisch romano/-a
Rondo rondó *m*
rosa rosa, rosado/-a
Rose rosa
Roséwein vino rosado
rösten tostar *(ue)*

rot rojo/-a; *(Wein)* tinto/-a; *(Gesicht)* colorado/-a
rot werden ponerse rojo/-a / colorado/-a; enrojecer *(zc)*
Rotkäppchen Caperucita Roja
Rotwein vino tinto
Rotweinbowle sangría
Route ruta, itinerario
Routine rutina
Routine- rutinario/-a
Rücken espalda
den Rücken zukehren dar la espalda
Rückenlehne respaldo
Rückfahrt regreso, vuelta
Rückflug vuelta
Rückgabe devolución *f*
Rückkehr regreso
Rucksack mochila
rufen gritar
Ruhe *(Schweigen)* silencio; *(Stille, Gelassenheit)* tranquilidad *f*
ruhen descansar
Ruhestand jubilación *f*
in den Ruhestand gehen jubilarse
ruhig *(Adj)* tranquilo/-a, *(schweigsam)* callado/-a; *(Adv)* tranquilamente
Ruhm fama; gloria
Rührei revuelto
Rührung emoción *f*
Ruine ruina
rund redondo/-a
Runde *(Getränke)* ronda
Rundfahrt tour *m*
Rundreise *(Strecke)* recorrido; *(Tour)* vuelta
runzelig arrugado/-a
Russe/-in ruso/-a
russisch ruso/-a
Russisch ruso
Russland Rusia

S

Saal sala
Sache cosa
sächlich neutro/-a
Sack saco
Safari safari *m*
Saft zumo; *(LA)* jugo
Sag bloß! ¡No me digas!
sagen decir *(yo digo, i)*
Saison temporada
Sakko chaqueta
Salat ensalada
Saldo saldo
Salvadorianer/in salvadoreño/-a
Salz sal *f*
salzig salado/-a
Salzwasser agua salada
Samen semilla
sammeln *(aus Liebhaberei)* coleccionar; *(vereinigen)* reunir *(ú)*
Sammlung colección *f*
Samstag sábado *m*
Sand arena
Sandkörnchen granito de arena
sanft *(Adj)* suave; *(Adv)* suavemente
Sänger/in cantante *m/f*
Sardine sardina
Satellitenfernsehen televisión *f* por satélite
Satellitenschüssel antena parabólica
Satz frase *f*
sauber limpio/-a
Säugetier mamífero
Säule columna
Säulengang pórtico
Sauna sauna
Saxofon saxofón *m*
Schachtel caja
Schade! ¡Qué pena! ¡Qué lástima!
es ist schade, dass es una pena que + *subj*
schaden perjudicar

Schaden *(Beschädigung)* daño, perjuicio, desperfecto, trastorno, avería, mal *m*
Schadensersatz verlangen reclamar daños y perjuicios
Schadensfall siniestro
schädigen perjudicar
Schaf oveja
schaffen (zu) crear; conseguir *(i)*; llegar a + *inf*
nicht schaffen no poder *(ue)* con
Schaffen producción *f*
Schaffner/in revisor/a
Schale piel *f*
schälen pelar
schallisoliert insonorizado/-a
Schallplatte disco
sich schämen avergonzarse
schamlos desvergonzado/-a
Schande vergüenza
scharf picante
Schatten sombra
Schatz tesoro
schätzen *(Wert)* valorar; *(wert-)* apreciar; *(fam: annehmen)* calcular
schätzenswert apreciable
Schätzung *(Wert)* valoración *f*
Schatzinsel Isla del Tesoro
Schaufenster escaparate *m*
Schauplatz escenario
Schauspieler/in actor / actriz
Scheck cheque *m*
Scheibe disco
sich scheiden lassen divorciarse
Scheidung divorcio
scheinen aparentar, parecer *(zc)*
Scheinwerfer faro
Schema esquema *m*
schenken regalar
Schere tijeras
Scherz broma; *(am 28. Dezember)* inocentada
sich einen Scherz erlauben gastar una broma
Scherze machen bromear
Schicht *(Luft-, Farb-)* capa; *(Arbeits-)* turno
Schichtarbeit trabajo por turnos
schicken enviar *(í)*, mandar
Schicksal destino
schieben empujar
schießen disparar
Schiff barco
Schiffsticket pasaje *m*
Schildkröte tortuga
Schinken jamón *m*; *(gekocht)* jamón de York; *(luftgetrocknet)* jamón serrano
Schlaf sueño
schlafen dormir *(ue)*
Schläfrigkeit sueño, somnolencia
Schlafsack saco de dormir
Schlaftablette pastilla para dormir
Schlafwagen coche-cama *m*
Schlafzimmer dormitorio
Schlag golpe *m*
schlagen batir
Schlagzeile titular *m*
Schlange serpiente *f*
Schlange stehen hacer cola
schlank delgado/-a
schlau listo/-a
schlecht *(Adj)* malo/-a; *(Adv)* mal
schlecht gehen pasarlo mal
schlecht werden *(Essen)* estropearse
schlechte Laune bekommen ponerse de mal humor
schlechte Laune bereiten poner de mal humor
schlechter peor
schlechteste/r/s peor
Schlichtheit sencillez *f*
schließen cerrar *(ie)*

schließlich por último; en conclusión
schlimm grave
schlimmer peor
Schloss *(Burg)* castillo
Schluss fin *m*, final *m*
Schluss(folgerung) conclusión *f*
Schlüssel llave *f*
Schlüsselwort palabra clave
schmal estrecho/-a
Schmeicheln halago
schmelzen fundir
Schmerz dolor *m*
Schmetterling mariposa
schmieden forjar
Schmortopf cazuela
Schmuck *(Verzierung)* adorno, decoración *f*
schmücken adornar, decorar
Schmuckgeschäft joyería
Schmuckstück joya
schmutzig sucio/-a
Schnabel pico
Schnaps aguardiente *m*
Schnee nieve *f*
Schneekette cadena para la nieve
Schneewittchen Blancanieves *f*
Schneide filo
schneiden cortar
schneien nevar *(ie)*
schnell *(Adj)* rápido/-a; *(Adv)* de prisa
Schnelligkeit rapidez *f*; ligereza
Schnellkochtopf olla exprés
Schnitzel filete *m*
schnorcheln hacer snórkeling
Schnurrbart bigote *m*
Schock choque *m*
Schokolade chocolate *m*
schon ya
schon alleine sólo
schon fertig ya está
schön bonito/-a, bello/-a, hermoso/-a
Schöne Künste Bellas Artes *f*
Schönheit belleza
Schönheits- estético/-a
schöpfen *(Wasser)* coger
Schottland Escocia
Schrank armario
Schranke barrera
Schreck susto
Schrecken horror *m*, terror *m*
schrecklich horrible, terrible, horroroso/-a; *(mies)* fatal
Schrei grito
schreiben escribir
neu schreiben reescribir
Schreiben escritura
Schreibtisch escritorio
schreien gritar
Schrift escritura
schriftlich *(Adj)* escrito/-a; *(Adv)* por escrito
Schriftsprache lengua escrita
Schriftsteller/in escritor/a
Schritt paso
schüchtern tímido/-a
Schuh zapato
Schuhgeschäft zapatería
Schuhputzer limpiabotas *m*
Schul- escolar
Schulbildung formación *f* escolar
Schuld culpa
schulden deber
Schulden deuda(s)
schuldig culpable
Schule colegio, escuela; *(Privat-)* academia
Schüler/in alumno/-a, estudiante *m/f*
Schulfach materia
Schuljahr curso escolar
Schulkantine comedor *m*
Schulklasse clase *f*; *(Klassenstufe)* grado
Schulnote nota
Schultag jornada

Schutz protección *f*; *(Verteidigung)* defensa; *(Obdach)* abrigo
zum Schutz von en defensa de
schützen proteger; *(erhalten)* preservar
sich schützen protegerse
Schutzgebiet área protegida
Schutzheilige/r patrón/-ona
schwach débil
Schwäche debilidad *f*; *(Fehler)* punto débil
schwachsinnig idiota
Schwalbe golondrina
Schwanz cola
schwarz negro/-a
Schwarze/r negro/-a
Schwede/-in sueco/-a
Schweden Suecia
schwedisch sueco/-a
schweigen callarse
Schweigen silencio
schweigend callado/-a, silencioso/-a
schweigsam silencioso/-a
Schwein cerdo
Schweiz Suiza
Schweizer/in suizo/-a
schwer pesado/-a; *(schlimm)* grave
schwer fallen costar *(ue)* (trabajo), resultar difícil
schwermütig melancólico/-a
Schwester hermana
Schwiegereltern suegros
Schwiegervater/-mutter suegro/-a
schwierig difícil
Schwierigkeit dificultad *f*; *(Komplikation)* complicación *f*
Schwimmbad piscina
schwimmen nadar
schwindelig mareado/-a
schwitzen sudar
Science-Fiction-Film película de ciencia ficción
sechs seis
sechshundert seiscientos/-as
sechste/r/s sexto/-a
sechzehn dieciséis
sechzig sesenta
See lago
Seefrachtbrief conocimiento (de embarque)
Seehecht merluza
Seele alma
Seeversicherung seguro marítimo
Seh- visual
sehen ver
mal sehen a ver
sich sehen verse
Sehenswürdigkeit punto / lugar *m* de interés
Sehnsucht anhelo
sehr *(mit Adjektiv)* muy; *(mit Verb)* mucho
sehr erfreut encantado/-a
sehr geehrte/r estimado/-a
sehr geehrte Damen und Herren estimados señores; señoras y señores
sehr gerne con mucho gusto
sehr gut muy bien; buenísimo/-a
Seide seda
Seife jabón *m*
Seifenoper telenovela
sein ser; estar; *(Hilfsverb)* haber
sein/e, ihr/e, Ihr/e *(unbetont)* su
seine/r/s, ihre/r/s, Ihre/r/s *(betont)* suyo/-a
seit *(Zeitpunkt)* desde; *(Zeitraum)* desde hace; *(seitdem)* desde que
seit 3 Monaten etwas tun llevar 3 meses + *Gerundium*
seitdem desde entonces; desde que…
Seite lado; *(Buch)* página; *(Vorder-, Rückseite)* cara
Sekretär/in secretario/-a

Sekretariat secretaría
Sekretariatsausbildung secretariado
Sekretariatswesen secretaría
Sekt cava *m*
Sektor sector *m*
Sekundarstufe enseñanza / educación *f* secundaria, estudios secundarios
Sekunde segundo
selbst mismo/-a; *(sogar)* aun
selbst wenn aunque
Selbstbedienung autoservicio
Selbsthilfe autoayuda
selbstständig *(Adj)* autónomo/-a; *(Adv)* por su cuenta
Selbstständige/r autónomo/-a
selbstverständlich por supuesto, desde luego, ¡Cómo no!
selektiv selectivo/-a
selten *(Adj)* raro/-a; *(Adv)* raramente, rara vez
seltsam raro/-a
Seminar seminario
senden enviar *(í)*; *(absenden)* remitir
Sendung envío
sengend abrasador/a
senken bajar; *(reduzieren)* reducir *(zc)*
senkrecht vertical; *(Mathematik)* perpendicular
sensationell sensacional
sensibilisieren sensibilizar
sentimental sentimental
September septiembre *m*
Serie *(Fernseh-)* serie *f*
Server servidor *m*
Service servicio
servieren servir *(i)*
Serviette servilleta
Sesam sésamo
Sessel sillón *m*
setzen poner *(yo pongo)*
sich setzen sentarse *(ie)*
sexistisch sexista
Sexualleben vida sexual
sexuell sexual
Sherry jerez *m*
Siamkatze gato siamés
sich se
bei / mit sich consigo
sicher seguro/-a
Sicherheit seguridad *f*; *(Gewissheit)* certeza
Sicherheitskontrolle control *m* de seguridad
sicherlich seguramente, seguro que
sie *(Personalpronomen)* ella / ellos / ellas; *(Objektpronomen)* los / las
Sie usted(es)
sieben siete
siebenhundert setecientos/-as
siebte/r/s séptimo/-a
siebzehn diecisiete
siebzig setenta
Siedlung urbanización *f*
siegen vencer, triunfar
signalisieren señalar
Signalton señal *f*
Silbe sílaba
Silber plata
Silvester Nochevieja
simulieren simular
singen cantar
sinken bajar; *(Schiff)* hundirse
Sinn (für Humor) sentido (del humor)
Sinnspruch sentencia
Sirene sirena
Situation situación *f*
Sitz asiento
sitzen estar sentado/-a; *(Kleidung)* quedar
Sitzplatz plaza
Sitzung reunión *f*

Sizilien Sicilia
Skandal escándalo
Skelett esqueleto
skeptisch escéptico/-a
Ski esquí *m*
Ski laufen esquiar *(í)*
Skier esquíes *m*
Skiträger portaesquís *m*
Sklave/-in esclavo/-a
Skorpion escorpión *m*
Skulptur escultura
Slogan eslogan *m*
SMS mensaje *m*
so así, de esta / tal manera; tan(to); *(fam)* tal
so ... wie tan... como
so als ob como si
so dass así que, de manera que, de modo que
so gut wie prácticamente
so schnell als möglich lo antes posible, cuanto antes
so sehr / viel ... wie tanto... como
so viel tanto/-a
so wenig wie möglich lo menos posible
sobald en cuanto + *subj*, cuando + *subj*
soeben recién
Sofa sofá *m*
sofort ahora mismo, enseguida, inmediatamente
sogar hasta, incluso, aun
sogenannt llamado/-a
Sohn hijo
solange mientras + *subj*
solch semejante
Soldat/in soldado/-a, militar *m/f*
solidarisch solidario/-a
Solidarität solidaridad *f*
Solist/in solista *m/f*
sollen deber
Sommer verano; *(poetisch)* estío
Sonder- especial
Sonderangebot rebaja
sonderbar extraño/-a
sondern sino
Sonne sol *m*
sich sonnen tomar el sol
Sonnenbrand quemaduras de sol
Sonnenbrille gafas *f* de sol
Sonnenenergie energía solar
Sonntag domingo
Sopran soprano *f*
Sorbet sorbete *m*
Sorge preocupación *f*
sich Sorgen machen (um) preocuparse (de)
Soße salsa
Souvenir recuerdo
Souvenirladen tienda de recuerdos
sowie así como
sowohl ... als auch ... tanto... como
Sozialismus socialismo
Sozialist/in socialista
sozialistisch socialista
Sozialversicherung seguridad *f* social
Sozialwissenschaften Ciencias Sociales
Soziologe/-in sociólogo/-a
sozioökonomisch socioeconómico/-a
Spaghetti espaguetis *m*
Spanien España
Spanier/in español/a
spanisch español/a
Spanisch español *m*; *(Kastilisch)* castellano
spanische Eisenbahn(gesellschaft) RENFE (= Red *f* Nacional de Ferrocarriles Españoles)
Spanisches Kulturinstitut Instituto Cervantes

spanischsprachig hispanohablante, hispano/-a
Spannung tensión *f*
sparen ahorrar
Spargel espárrago
spärlich escaso/-a
spät tarde
später más tarde, luego
spätestens con fecha máxima de
spazieren gehen dar un paseo, pasear
Spaziergang paseo
Speicher memoria
speichern *(Informatik)* guardar, archivar
Speise plato
Speisekarte carta
Speisesaal comedor *m*
Speisewagen coche-restaurante *m*
Spende donación *f*
spenden donar
sich spezialisieren (auf) especializarse (en)
spezialisiert especializado/-a
mit Spezialisierung auf con especialidad en
Spezialist/in especialista *m/f*
Spezialität especialidad *f*
Spezies especie *f*
Spiegel espejo
Spiegelung reflejo
Spiel juego; *(Sport)* partido
spielen jugar *(ue)*; *(Instrument)* tocar; *(simulieren)* simular; *(stattfinden)* tener lugar, desarrollarse
Spieler/in jugador/a
Spielfeld casilla
Spielkarte carta
Spielkasino casino
Spielregeln reglas del juego
Spielstein ficha
Spielwaren juguetes *m*
Spieß pincho
Spinat espinacas *f*
Spitze punta; *(Berg-)* pico
Spitzer afilalápices *m*
spontan espontáneo/-a
Spontanbewerbung carta de iniciativa propia
Sport deporte *m*
Sport treiben hacer deporte, hacer ejercicio
Sportanlagen instalaciones *f* deportivas
Sportler/in deportista *m/f*
sportlich deportivo/-a
Sprach- lingüístico/-a
Sprachbiografie biografía lingüística
Sprache *(Sprachsystem)* lengua, idioma *m*; *(Ausdrucksweise)* lenguaje *m*; *(Sprechfähigkeit)* habla
Sprachschule academia de idiomas
Sprachwissenschaftler/in lingüista *m/f*
sprechen hablar
Sprechweise lenguaje *m*
Sprechzimmer locutorio
Sprichwort proverbio, refrán *m*, dicho *m*
Spritzgebäck *(frittiert)* churro
Spruch sentencia
Spule carrete *m*
spülen lavar los platos
Spur huella
spüren sentir *(ie)*
Strauß *(Blumen-)* ramo
Staat Estado
staatlich *(national)* nacional; *(öffentlich)* público/-a
Staatsangehörigkeit nacionalidad *f*
Staatsbürger/in ciudadano/-a

stabil *(Wert)* estable; *(Material)* sólido/-a
Stabilität estabilidad *f*
Stadion estadio
Stadt ciudad *f*; *(Großstadt)* urbe *f*
Stadt- urbano/-a
Städtepartnerschaft hermanamiento
städtisch urbano/-a, municipal
Stadtmauer muralla
Stadtplaner/in urbanista *m/f*
Stadtverwaltung municipio
Stammbaum árbol *m* genealógico
stammend (aus) originario/-a (de)
Stampfen patada
Stand *(Markt-)* puesto
standesamtlich civil
standhalten resistir
ständig *(Adj)* continuo/-a, permanente; *(Adv)* continuamente, constantemente
Stangenbrot barra de pan
stark fuerte
Stärke punto fuerte
Stärkemehl almidón *m*
starten iniciar; *(Auto)* arrancar
Startseite página principal
Station estación *f*
Statist/in extra *m/f* de cine
Statistik estadística
stattfinden tener lugar *m*
Stau atasco
Staubsauger aspiradora
Steak filete *m*
stechen picar
Stechmücke mosquito
Steckdose enchufe *m*
stecken (in) meter (en)
Stecker enchufe *m*
stehen estar de pie; *(kleiden)* sentar *(ie)*
im Stehen de pie
stehlen robar
Steigung subida
Stein piedra; *(Obst-)* hueso
Steinblock monolito
Stelle *(Platz, Ort)* sitio, lugar; *(Arbeits-)* puesto (de trabajo)
stellen poner *(yo pongo)*, colocar
Stellenangebot oferta de empleo
stellvertretende/r Direktor/in subdirector/a
Stempel sello
sterben morir(se) *(ue)*, perder *(ie)* la vida
sterbliche Überreste restos
Stereoanlage hilo musical
Stern estrella; *(Sternchen)* asterisco
Steuer impuesto
Stichwort punto guía
Stiefel bota
Stiel palo
Stielglas copa
Stier toro
Stierkampfarena plaza de toros
Stierkämpfer/in torero/-a
stiften donar
Stiftung fundación *f*
Stil estilo
still silencioso/-a; *(schweigend)* callado/-a
Stille silencio
stillen *(ernähren)* alimentar
Stimme voz *f*
Stimmung *(Ton)* tono
Stipendium beca
Stirn(seite) frente *f*
Stock bastón *m*
Stockwerk piso, planta
Stoff tejido, tela
stolz orgulloso/-a
Stolz orgullo
stören molestar
Stornierung cancelación *f*, anulación *f*

Stornierungsgebühr tasa de cancelación
Störung *(Belästigung)* molestia; *(Betriebs-)* avería; *(technisch)* interferencia
Stoß golpe *m*
Stoßgebet *(gesungen)* saeta
Strahlenheilkunde radiología
Strand playa
Straße calle *f*
zur Straße gelegen exterior
zur Straße liegen dar a la calle
Straßenbahn tranvía *m*
Straßenmusik rondalla
Straßenmusikanten rondalla
Straßenverkehrsordnung Código de Circulación
Strategie estrategia
Strecke recorrido
sich strecken estirarse
Streich travesura
streicheln acariciar
streichen *(absagen)* cancelar; *(anstreichen)* pintar
Streifen raya
Streik huelga
streiten discutir
sich streiten pelearse
Streitkräfte Fuerzas Armadas
streng severo/-a; *(genau)* estricto/-a
Stress estrés *m*
stressen estresar
strikt *(Adj)* estricto/-a; *(Adv)* estrictamente
Strom electricidad *f*; *(Fluss, Strömung)* corriente *f*
Stromausfall corte *m* de luz
Strömung corriente *f*
Strophe estrofa
Struktur estructura
strukturieren estructurar
Strümpfe medias
Stück pieza; *(Teil)* trozo, pedazo; *(Theater-)* obra
Stückchen trocito
Student/in estudiante *m/f*
Studenten- estudiantil
Studentenstadt ciudad *f* universitaria
Studentenwohnheim residencia universitaria
studentisch estudiantil
Studie estudio
studieren estudiar
Studium estudios; enseñanza universitaria
Stuhl silla
Stunde hora
stundenweise por horas
sich stützen (auf) basarse (en)
Subjekt sujeto
subjektiv subjetivo/-a
Substantiv sustantivo
Suche búsqueda
auf der Suche nach en busca de
suchen buscar
Sucher/in buscador/a
Suchmaschine buscador *m*
Sucht adicción *f*
süchtig *(Alkohol, Tabletten)* adicto/-a; *(Drogen)* enganchado/-a
Südamerika Sudamérica
südamerikanisch sudamericano/-a
Süden sur *m*
südlich (von) al sur (de)
Südostasien sudeste *m* asiático
Südwesten suroeste *m*
Summe total *m*
super súper
Super(benzin) súper *m*
Superlativ superlativo
Supermarkt supermercado
Suppe sopa
surfen practicar / hacer surf *m*
Surrealismus surrealismo

S

suspendieren suspender
süß dulce
Süßigkeit dulce *m*
Süßwasser agua dulce
Symbol símbolo
symbolisch simbólico/-a
symbolisieren simbolizar
sympathisch simpático/-a
Symptom síntoma *m*
Synagoge sinagoga
Synonym sinónimo
synthetisch sintético/-a
System sistema *m*
systematisch sistemático/-a
Systemtechniker/in responsable *m/f* de sistemas
Szene escena

T

Tabak tabaco
Tabakladen estanco
Tabelle cuadro, tabla
Tablett bandeja
Tablette pastilla
Tabu tabú *m*
Tafel pizarra
Tag día *m*; *(Arbeits-, Schul-)* jornada
bis zum heutigen Tag hasta nuestros días
jeden Tag todos los días
Tag der Arbeit Día *m* del Trabajo
Tagebuch diario
Tageslicht luz *f* natural
Tagesordnung orden *m* del día
täglich *(Adj)* diario/-a, cotidiano/-a; *(Adv)* diariamente
tagtäglich día a día
Taille cintura
Tal valle *m*
Talent talento; *(Leichtigkeit)* facilidad *f*
Talkshow programa *m* de entrevistas
Tango- tanguero/-a
Tango-Bar tanguería
Tank depósito
Tankstelle estación *f* de servicio
Tante tía
Tanz baile *m*
tanzen bailar
Tänzer/in bailarín/-ina
Tapas essen gehen ir de tapas
durch Tapasbars ziehen tapear
Tarantel tarántula
Tarif tarifa
Tasche bolso
Taschenbuch libro de bolsillo
Taschenmesser navaja
Taschenrechner calculadora
Tässchen tacita
Tasse taza
Tastatur teclado
Taste tecla
Tat acto
tätigen efectuar *(ú)*
Tätigkeit *(Beschäftigung)* actividad *f*; *(Geschäft)* operación *f*; *(Funktion)* función *f*
Tatsache hecho
tatsächlich efectivamente, en efecto
Taube paloma
tauchen bucear
Tauchsport buceo
Taufe bautizo
Taufpate padrino
Taufpatin madrina
Tausch trueque *m*
Tauschbörse club *m* de trueque
tauschen cambiar; intercambiar
täuschen engañar
sich täuschen confundirse
Tauschhandel trueque *m*
Täuschung engaño
tausend mil

Taxi taxi *m*
Taxifahrer/in taxista *m/f*
Team equipo
Technik técnica
Techniker/in técnico/-a
technisch técnico/-a; tecnológico/-a
Technologie tecnología
technologisch tecnológico/-a; técnico/-a
Teddybär oso de peluche
Tee té *m*
Teegebäck pasta; *(LA)* masita
Teelöffel cucharilla
Teig masa
Teigpastete *(gefüllt)* empanada; *(Bolivien)* salteña
Teigwaren pasta
Teil parte *f*; *(Musik, Literatur)* episodio
Teil- parcial
zum Teil en parte
teilen dividir; *(mit jmd.)* compartir
Teilhaber/in socio/-a
Teilnahme participación *f*
teilnehmen (an) participar (en); *(mitmachen)* intervenir (en) *(vgl. venir)*; *(an einem Kurs)* asistir (a)
Teilnehmer/in participante *m/f*; *(Telefon)* abonado/-a
teilweise parcial
Teilzeit a tiempo parcial
Telearbeit teletrabajo
Telefon teléfono
Telefonanruf llamada telefónica
telefonieren telefonear
Telefonist/in telefonista *m/f*
Telefonkarte tarjeta de teléfono
Telefonzelle cabina telefónica, locutorio
Telefonzentrale central *f*
Telegramm telegrama *m*
Teleshop teletienda
Teller plato
Tempel templo
Temperament temperamento
Temperatur temperatura
Tendenz tendencia
Tennis tenis *m*
Tennisplatz pista de tenis
Teppich alfombra
mit Teppich überziehen alfombrar
Teppichboden moqueta
Termin fecha; *(Verabredung)* compromiso, cita
Terrasse terraza
Terror terror *m*
Terrorismus terrorismo
Terrorist/in terrorista *m/f*
terroristisch terrorista
Tesafilm celo
teuer caro/-a
Teufel demonio
Text texto; *(Lied-)* letra
Textil- textil
Textverarbeitungsprogramm programa *m* de procesamiento de textos
thailändisch tailandés/-esa
Theater teatro
Theke barra
Thema tema *m*
Thematik temática
theoretisch teórico/-a
Theorie teoría
Theorie- teórico/-a
therapeutisch terapéutico/-a
Therapie terapia
Thermalbad termales *f*, termas
Thermalquelle(n) (aguas) termales *f*
Thermometer termómetro
Thermostat termostato
These tesis *f*
Thriller película de miedo

Ticket *(Flug-, Schiffs-)* pasaje *m*
tief profundo/-a
Tiefe profundidad *f*
tiefgekühlt congelado/-a
Tier animal *m*; *(kleines Tier)* bicho
Tierarzt/-ärztin veterinario/-a
Tierschutzverein asociación *f* protectora de animales
Tierwelt fauna
Tiger tigre *m*
Tinte tinta
Tintenfisch calamar *m*
Tisch mesa
den Tisch decken poner la mesa
Tischdecke mantel *m*
Tischfußball futbolín *m*
Titel título
Toastbrot tostada
toasten tostar *(ue)*
Tochter hija
Töchterchen hijita
Tod muerte *f*
tödlich mortal
Toiletten servicios
Toilettenpapier papel *m* higiénico
tolerant tolerante
Toleranz tolerancia
tolerieren tolerar
toll genial
Tomate tomate *m*
Ton tono; *(Klang)* sonido; *(Musik)* nota
Tonfall entonación *f*
Tonic(wasser) tónica
Tonne tonelada
Tonstudio estudio
Topf cazuela
Tor gol *m*
Torte tarta; *(LA)* torta
Tortillahäppchen pincho de tortilla
tot muerto/-a
totalitär totalitario/-a
Tote/r muerto/-a
töten matar
Totenkopf calavera
Tour vuelta
Tour durch Tapasbars tapeo
Tourismus turismo
Tourist/in turista *m/f*
Touristeninformation Oficina de Turismo
Touristenklasse clase *f* turista
touristisch turístico/-a
Tradition tradición *f*
traditionell tradicional
tragen llevar; *(Schuhe)* calzar
Träger/in einer Heiligenfigur costalero/-a
tragisch trágico/-a
trainieren entrenar, hacer ejercicio
Traktor tractor *m*
Trampen autostop *m*
transparent transparente
transportieren transportar
Transportkosten gastos de transporte
Transportunternehmen empresa transportista
Traube uva
sich trauen atreverse
Trauer tristeza
Traum sueño
träumen (von) soñar *(ue)* (con)
traurig triste
treffen *(begegnen)* encontrar *(ue)*, encontrarse con; *(Ziel)* acertar *(ie)*
sich treffen (mit) *(zusammenkommen)* encontrarse *(ue)*; *(sich versammeln)* reunirse *(ú)*; *(sich verabreden)* quedar, entrevistarse (con)
Treffpunkt punto de encuentro
Treiben movimiento
Treibhauseffekt efecto invernadero

Trema *(Pünktchen auf Vokal)* diéresis *f*
Trend tendencia
(sich) trennen separar(se)
Trennung separación *f*
Trennungslinie filo
Treppe escalera
Tresor caja fuerte
treu fiel
trinken beber; *(zu sich nehmen)* tomar
etwas trinken gehen ir de bares, ir de copas
Trinkgeld propina
Triumph triunfo
triumphieren triunfar
trocken seco/-a
Trockenzeit época seca
trocknen secar
Trommel tambor *m*
Trommeln tamborada
Tropfen gota
tropisch tropical
Trottel cretino/-a
trotz a pesar de
trotz allem por encima de todo
trotzdem sin embargo; igual
trügen engañar
Tscheche/-in checo/-a
tschechisch checo/-a
Tschechische Republik República Checa
tschüs adiós
T-Shirt camiseta
Tuch pañuelo
tun hacer
gerade etwas getan haben acabar de + *inf*
gerade tun estar + *Gerundium*
tun werden ir a + *inf*
Tunnel túnel *m*
Tür puerta
Turbine aeroturbina
Türke/-in turco/-a
Türkei Turquía
türkis turquesa
türkisch turco/-a
Türkisch turco
Turm torre *f*
Tütchen sobrecito
Tüte bolsa
Typ *(auch fam)* tipo
Typhus fiebre(s) *f* tifoidea(s)
typisch típico/-a, particular

U

u. A. w. g. (= um Antwort wird gebeten) S. R. C. (= se ruega contestación)
U-Bahn metro; *(LA)* subte *m* (= subterráneo)
üben practicar
über *(auf, oberhalb)* sobre, encima de; *(betreffend)* acerca de; *(überlegen)* superior a
überall en / por todas partes
Überblick visión *f* general
überdrüssig harto/-a
übereinstimmen (mit) concordar *(ue)* (con); coincidir
übereinstimmend conforme
Übereinstimmung concordancia
überflüssig inútil
Übergabe entrega
Übergang transición *f*
übergeben entregar
Übergewicht exceso de peso
überhaupt nicht no… nada; en absoluto
überheblich arrogante
überlassen dejar
überleben sobrevivir
Übermaß disparate *m*
übermäßig excesivo/-a
übermitteln transmitir
übermorgen pasado mañana
übernehmen asumir

überprüfen comprobar *(ue)*
überqueren cruzar, atravesar *(ie)*
Überquerung pasaje *m*
überraschen sorprender
überraschend sorprendente
überrascht sorprendido/-a
überrascht sein sorprenderse
Überraschung sorpresa
überreichen entregar
Überreste restos
überschreiten sobrepasar
Überschrift título
Überschwemmung inundación *f*
übersetzen traducir *(zc)*
Übersetzer/in traductor/a
Übersetzung traducción *f*
übertragen *(Aufgabe)* encargar
übertreiben exagerar
Übertreibung exageración *f*
überwachen controlar, vigilar
Überweisung transferencia
überzeugen convencer
überzeugend convincente
überzeugt convencido/-a
üblich usual, habitual, corriente
übrig sobrante
übrig bleiben sobrar
übrig sein quedar
übrige/r/s demás
übrigens por cierto
Übung ejercicio
Übungsleiter/in monitor/a
Ufer orilla
am Ufer von a orillas de
Uhr reloj *m*
... Uhr schlagen dar las...
gegen vier Uhr sobre las cuatro
Um wie viel Uhr? ¿A qué hora?
Wie viel Uhr ist es? ¿Qué hora es?
Uhrengeschäft relojería
Uhrzeit hora
um eins a la una
um sich herum a su alrededor
um zwei a las dos
um zu para
Umarmung abrazo
Umfang volumen *m*
umfangreich amplio/-a
umfassend amplio/-a
umformulieren reformular
Umfrage encuesta
Umgang(sformen) trato
umgeben rodear
umgeben (von) rodeado/-a (de)
Umgebung *(Milieu)* ambiente *m*; *(Gebiet)* alrededores *m*
umgehen mit manejar
umgekehrt al revés
umgestalten reformar
Umhang capa
Umkleidekabine probador *m*
Umkreis ámbito
Umschlag sobre *m*
Umschreibung perífrasis *f*
umsetzen poner en práctica
Umstand circunstancia
sich Umstände machen molestarse
umsteigen cambiar
umstrukturieren reestructurar
umtauschen cambiar
umwandeln transformar, convertir *(ie)*
Umwelt medio *m* ambiente; ambiente *m*
Umwelt- ambiental
Umweltministerium Ministerio de Medio Ambiente
Umweltschutz- ecologista
Umweltschützer/in ecologista *m/f*
umweltverschmutzend contaminante
Umweltverschmutzung contaminación *f*

umziehen *(Wohnort)* mudarse, cambiarse de casa, trasladarse, desplazarse
Umzug *(Wohnungswechsel)* mudanza; *(Festzug)* desfile *m*
unabhängig independiente
unabhängig werden independizarse
Unabhängigkeit independencia
Unabhängigkeitskrieg Guerra de la Independencia
unabsichtlich sin querer
unangemessen inadecuado/-a, inapropiado/-a, inconveniente
unangenehm desagradable
Unannehmlichkeit molestia
unartig travieso/-a
unbedeutend menudo/-a
unbegrenzt ilimitado/-a
Unbehagen malestar *m*
Unbekannte/r desconocido/-a
unbemerkt inadvertido/-a
unbestimmtes Pronomen pronombre *m* indefinido
und y; *(vor i-, hi-)* e
und auch nicht ni
Unendlichkeit infinidad *f*
unerlässlich indispensable
unerledigt pendiente
unerträglich insoportable
unfähig incapaz
Unfall accidente *m*
Ungar/in húngaro/-a
ungarisch húngaro/-a
ungebildet inculto/-a
ungefähr *(Adj)* aproximado/-a; *(+ Zahl)* unos / unas; *(Adv)* aproximadamente
ungefähr um zwei a eso de las dos
ungeheuerlich brutal
ungenügend insuficiente
ungerecht injusto/-a
unglaublich increíble
ungleich desigual
Ungleichheit desigualdad *f*
Unglück desgracia
unheilbar desahuciado/-a
Uniform uniforme *m*
universell universal
Universität universidad *f*; *(Fakultät)* facultad *f*
Universitätsausbildung enseñanza universitaria
Unkenntnis desconocimiento
unmenschlich inhumano/-a
unmöglich imposible
unnötig inútil
UNO ONU (= Organización *f* de las Naciones Unidas)
unpassend incorrecto/-a
unpersönlich impersonal
Unpersönlichkeit impersonalidad *f*
unpünktlich impuntual
Unrecht mal *m*
unregelmäßig irregular
uns nos
unsachgemäß inapropiado/-a
unschuldig inocente
unser/e nuestro/-a
unsererseits por nuestra parte
unseres Erachtens a nuestro entender
unsicher inseguro/-a
Unsinn disparate *m*
unsterblich machen inmortalizar
unsympathisch antipático/-a
untätig inactivo/-a
unten abajo
unter debajo de, bajo
unter sich entre ellos
unterbrechen interrumpir
Unterbrechung interrupción *f*
Unterdrückung represión *f*
Untergang hundimiento
untergehen hundirse
Untergrundeinheit guerrilla

unterhalten *(vergnügen)* entretener *(vgl. tener)*, divertir *(ie)*; *(versorgen)* mantener *(vgl. tener)*
sich unterhalten (mit) conversar (con)
unterhaltsam entretenido/-a, divertido/-a
Unterhaltung *(Gespräch)* conversación *f*; *(Vergnügen)* diversión *f*
Unterkunft alojamiento
Unternehmen *(Firma)* empresa; *(Gesellschaft)* compañía
Unternehmer/in empresario/-a
unternehmungslustig emprendedor/a
Unterricht *(das Unterrichten)* enseñanza; *(Unterrichtsstunde)* clase *f*
unterscheiden distinguir, diferenciar
sich unterscheiden (von) diferenciarse (de); variar *(í)*
Unterschicht clase *f* baja
Unterschied diferencia
im Unterschied zu a diferencia de
unterschiedlich diferente, variado/-a
unterschreiben firmar
Unterschrift firma
unterstreichen subrayar
unterstützen apoyar, fomentar
Unterstützung apoyo
untersuchen *(wissenschaftlich)* estudiar; *(analysieren)* examinar; *(ermitteln)* investigar
Untersuchung estudio, investigación *f*
Untertitel subtítulo
ununterbrochen continuo/-a
unvermeidlich inevitable
unverständlich incomprensible
unvollständig incompleto/-a, imperfecto/-a
unwiderruflich irrevocable
Unwissenheit desconocimiento
unzufrieden descontento/-a
unzureichend insuficiente
Ureinwohner/in habitante *m/f* originario/-a
Urgroßvater/-mutter bisabuelo/-a
Urlaub vacaciones *f*
in Urlaub fahren ir de vacaciones
Urlaub auf dem Bauernhof / Land urismo rural
Ursprung procedencia
Ursprungsland país *m* de origen
Urteil sentencia
urteilen juzgar
Urteilsvermögen juicio
Uruguay Uruguay
Uruguayer/in uruguayo/-a
uruguayisch uruguayo/-a
Ururgroßvater/-mutter tatarabuelo/-a
Urwald selva
USA Estados Unidos
US-Amerikaner/in estadounidense *m/f*
US-amerikanisch estadounidense

V

vage vago/-a
valenzianisch valenciano/-a
Variable variable *m*
variieren variar *(í)*
Vater padre *m*
Vegetarier/in vegetariano/-a
vegetarisch vegetariano/-a
Vegetation vegetación *f*
Venedig Venecia
Venezolaner/in venezolano/-a
venezolanisch venezolano/-a
Venezuela Venezuela
sich verabreden quedar
Verabredung cita; *(Vereinbarung)* compromiso

(sich) verabschieden despedir(se) *(i)*
Verallgemeinerung generalización *f*
veränderlich variable
verändern cambiar, modificar
Veränderung cambio, transformación *f*
veranstalten celebrar
Veranstalter/in organizador/a
Veranstaltung función *f*
verantwortlich responsable
Verantwortung responsabilidad *f*
verantwortungsbewusst responsable
Verantwortungsbewusstsein responsabilidad *f*
Verarbeitung elaboración *f*
verärgert enfadado/-a; *(unzufrieden)* descontento/-a
Verb verbo
Verband venda
verbessern mejorar
sich verbessern mejorar(se)
Verbesserung mejora
verbieten prohibir *(í)*
verbinden (mit) unir; relacionar; *(an-, festbinden)* conectar; *(Telefon)* comunicar, pasar la llamada, poner con…; *(assoziieren)* asociar
verbindlich en firme
Verbindung *(Beziehung)* relación *f*; *(Technik)* conexión *f*; *(Technik; Vermählung)* enlace *m*, unión *f*; *(Assoziation)* asociación *f*
(alles) in Verbindung mit … (todo) lo relacionado con…
in Verbindung treten entrar en contacto
sich in Verbindung setzen mit comunicarse con, ponerse en contacto con
Verbindungswort conector *m*
verbleiben *(übereinkommen)* quedar en
Verbot prohibición *f*
verboten prohibido/-a
verbrauchen *(verwenden, ausgeben)* gastar; *(konsumieren)* consumir
Verbrauchermarkt hipermercado
Verbraucherzentrale Instituto del Consumidor
verbreitet extendido/-a
Verbreitung extensión *f*
verbrennen quemar
sich verbrennen quemarse
Verbrennung quema
verbringen pasar
verbunden (mit) *(vereint)* unido/-a; *(in Zusammenhang mit)* relacionado/-a con
Verdacht sospecha
verdächtigen sospechar
verdienen ganar; *(würdig sein)* merecer *(zc)*
verdoppeln doblar
verdorben en malas condiciones
verehren adorar
verehrte/r distinguido/-a
Verein club *m*
vereinbaren acordar *(ue)*; concertar *(ie)*, quedar en
Vereinbarung acuerdo
vereinen unir
sich vereinen unirse
vereinigen unir, reunir *(ú)*
Vereinigte Staaten Estados Unidos
Vereinigung unión *f*
vereint unido/-a
vereinzelt aislado/-a
verewigen inmortalizar
Verfahrensweg trámite *m* burocrático
verfälschen desvirtuar *(ú)*
verfassen redactar

Verfassung constitución *f*
Verfolgung persecución *f*
verfügbar disponible
verfügen über disponer de *(vgl. poner)*
Verfügung disposición *f*
zur Verfügung stehen estar a disposición
zur Verfügung stellen facilitar
vergangen pasado/-a
Vergangenheit pasado
vergeblich infructuoso/-a
Vergehen infracción *f*
vergessen olvidar, olvidarse de
vergiftet contaminado/-a
Vergleich comparación *f*
vergleichbar comparable
vergleichen comparar
Vergnügen placer *m*; *(Zeitvertreib)* diversión *f*
das Vergnügen haben zu tener el gusto de
vergraben enterrar *(ie)*
Vergütung retribución *f*
verhaften detener *(vgl. tener)*
Verhaftung detención *f*
Verhalten comportamiento
sich verhalten comportarse
Verhältnis *(Beziehung)* relación *f*; *(fam)* lío; *(Relation)* proporción *f*
verhandelbar negociable
verhandeln negociar
Verhandlung negociación *f*
verhasst odioso/-a
verhätschelt mimado/-a
verheiratet casado/-a
verhindern impedir *(i)*
verhungern morir *(ue)* de hambre
Verkauf venta
verkaufen vender
Verkäufer/in vendedor/a
Verkaufsabteilung departamento de ventas
Verkaufsfläche superficie *f* de ventas
Verkehr tráfico
verkehrsgünstig gelegen bien comunicado/-a
Verkehrsmittel medio de transporte; *(öffentliche ~)* transportes *m* públicos
Verkehrsstau atasco
verkehrte Welt mundo al revés
sich verkleiden disfrazarse
Verkleidung disfraz *m*
verkomplizieren complicar
verkünden *(ausrufen)* proclamar; *(ankünden)* anunciar
Verlag editorial *f*
Verlagswelt mundo editorial
verlangen *(fordern)* exigir, cobrar, reclamar; *(bitten)* pedir *(i)*; *(erfordern)* requerir *(ie)*
verlängern prolongar
verlassen abandonar; dejar
Verlauf marcha
Verlaufsform gerundio
verleihen otorgar
verletzen herir *(ie)*
sich verletzen herirse *(ie)*, hacerse daño
Verletzte/r herido/-a
sich verlieben (in) enamorarse (de)
verliebt (in) enamorado/-a (de)
Verliebte/r enamorado/-a
verlieren perder *(ie)*
Verlosung sorteo
Verlust pérdida
Vermählung enlace *m*
vermeiden evitar
vermieten alquilar
vermischen mezclar
Vermischung mezcla
vermissen extrañar
vermuten suponer *(vgl. poner)*, sospechar

Vermutung suposición *f*, sospecha
verneinen negar *(ie)*
vernichten eliminar
Vernichter eliminador *m*
Vernichtung eliminación *f*
Vernunft razón *f*, juicio
vernünftig razonable; *(rational)* racional
veröffentlichen publicar
Veröffentlichung publicación *f*
verpacken empaquetar, embalar
Verpackung envase *m*, embalaje *m*
verpassen *(Zug)* perder *(ie)*
sich verpflichten (zu) comprometerse (a)
verpflichtend obligatorio/-a
verpflichtet obligado/-a
Verpflichtung obligación *f*
verrückt loco/-a, enloquecido/-a
wie verrückt a lo tonto
Vers verso
versalzen salado/-a
versammeln reunir *(ú)*
Versandanzeige aviso de envío
Versanddokumente documentos de embarque
versandfertig listo/-a para el envío
Versandkosten gastos de envío
versäumen perderse *(ie)*
verschieden *(unterschiedlich)* diferente, distinto/-a, desigual; *(verschiedenartig)* variado/-a
verschiedene diversos/-as, varios/-as
Verschiedenheit diferencia *f*, desigualdad *f*
sich verschlechtern estropearse
Verschlechterung deterioro
verschlingen comerse
Verschmelzung fusión *f*
verschmutzen contaminar
verschmutzt contaminado/-a
Verschmutzung contaminación *f*
verschneit nevado/-a
verschweigen callar
verschwenden derrochar, malgastar
verschwinden desaparecer *(zc)*
Verschwinden desaparición *f*
Versdichtung verso
aus Versehen sin querer
verseuchen contaminar
versichern asegurar
sich versichern asegurarse
Versicherung seguro
Versicherungsgesellschaft compañía de seguros
Versicherungspolice póliza de seguro
Version versión *f*
versorgen (mit) *(betreuen)* cuidar; *(beliefern, verschaffen)* surtir (de / con)
sich verspäten retrasarse
Verspätung retraso
versprechen prometer
Versprechen promesa
Verstand entendimiento
sich verständigen comunicar
Verständigung comunicación *f*, entendimiento
verständlich comprensible
Verständnis comprensión *f*
verstecken esconder
Verstehen comprensión *f*
verstehen entender *(ie)*, comprender
sich verstehen entenderse *(ie)*
verstorben muerto/-a
Verstoß violación *f*, infracción *f*
Versuch intento
versuchen (zu) intentar, tratar de, procurar
verteidigen defender *(ie)*
sich verteidigen defenderse *(ie)*
Verteidigung defensa

zur Verteidigung von en defensa de
Verteidigungsminister/in ministro/-a de defensa
verteilen repartir, distribuir *(y)*
neu verteilen redistribuir *(y)*
Verteilung distribución *f*
vertiefen profundizar
Vertrag contrato
sich vertragen llevarse bien
sich nicht vertragen llevarse mal
vertrauen (auf) confiar *(í)* (en)
Vertrauen confianza
Vertrauen setzen in depositar confianza en
vertrauensvoll de (mucha) confianza
vertraulich confidencial
vertraut de (mucha) confianza, íntimo/-a
vertraut sein mit estar familiarizado/-a con
Vertrautheit familiaridad *f*
Vertreter/in agente *m/f*; *(Beauftragte/r)* representante *m/f*
Vertriebspartner distribuidor *m*
verüben cometer
verursachen causar
vervollkommnen perfeccionar
vervollständigen completar
verwalten administrar
Verwaltung administración *f*
Verwaltungsangestellte/r empleado/-a administrativo/-a
verwandeln transformar, convertir *(ie)*
sich verwandeln in convertirse *(ie)* en
Verwandlung transformación *f*
Verwandte/r pariente *m/f*
verwechseln confundir
Verwechslung confusión *f*
verweisen (auf) remitir (a)
verwenden usar
verwickeln enganchar, comprometer
verwirklichen realizar, hacer realidad *f*
Verwirrung confusión *f*
verwöhnt mimado/-a
verwurzeln arraigar
verzeihen perdonar
Verzicht renuncia
verzichten auf renunciar a
Verzug retraso
verzweifelt desesperado/-a
Vesper merienda
Video(rekorder) vídeo
Viehhirte *(Südamerika)* gaucho
viel *(Adj)* mucho/-a; *(Adv)* mucho
sehr viel muchísimo/-a
Viel Glück! ¡Buena suerte!
Viel Spaß! ¡Que te diviertas! ¡Que lo pases bien!
vielen Dank muchas gracias
Vielfalt diversidad *f*, variedad *f*
vielleicht tal vez, quizá(s)
vielmehr más bien
vielschichtig complejo/-a
vier cuatro
vierhundert cuatrocientos/-as
vierte/r/s cuarto/-a
Viertel *(Menge)* cuarto; *(der vierte Teil)* cuarta parte *f*; *(Stadt-)* barrio
vierter Stock cuarto
vierzehn catorce
vierzehn Tage quince días
vierzig cuarenta
violett violeta
virtuell virtual
Virus virus *m*
visuell visual
Visum visa
Vitamin vitamina
Vogel ave *f*; *(Tier)* pájaro
Volk pueblo
Volks- popular

Volkshochschule Universidad *f* Popular
Volksmusik música folclórica
Volksweisheit sabiduría popular
Volkswirt/in economista *m/f*
voll lleno/-a
voll und ganz plenamente
Vollbart barba
völlig *(Adj)* completo/-a, total; *(Adv)* completamente, totalmente
volljährig mayor de edad
vollkommen totalmente
Vollkommenheit perfección *f*
Vollmond luna llena
Vollpension pensión *f* completa
vollständig *(komplett)* completo/-a; *(ganz)* entero/-a; *(gesamt)* total
Vollzeit jornada completa
Vollzeitstelle empleo a jornada completa
von de; *(von … aus)* desde
von Anfang an desde el principio
von klein auf desde pequeño/-a
Von wo? ¿De dónde?
vor *(Zeitraum)* hace; *(zeitlich)* antes de; *(räumlich)* delante de; *(Position)* ante; *(gegenüber von)* frente a; *(Adv)* adelante
vor allem sobre todo
vor Christus a. C. (= antes de Cristo)
vor Kurzem hace poco, recientemente
im Voraus con antelación, de antemano
vorausahnen presentir *(ie)*
vorausgesetzt (dass) siempre que + *subj*; siempre y cuando + *subj*
Voraussetzung requisito
vorbeikommen (in) pasar (por)
vorbereiten preparar
Vorbereitung *(Tätigkeit)* preparación *f*; *(Maßnahme)* preparativo
vorbeugen prevenir *(vgl. venir)*
Vorderrad rueda de delante
Vorderseite frente *f*
Vordruck impreso
Vorfall suceso
vorfallen suceder
Vorfreude ilusión *f*
vorführen representar
Vorführung *(Film)* pase *m*
vorgehen *(handeln)* operar
vorgeschichtlich prehistórico/-a
vorgesehen previsto/-a
vorgestern anteayer
Vorhaben plan *m*
Vorhang cortina
vorher antes; *(im Voraus)* con antelación
vorhergehend anterior
Vorhersage predicción *f*; *(Wetter-)* previsión *f*
vorhersagen predecir *(vgl. decir)*
vorinkaisch preincaico/-a
vorkommen *(geschehen)* suceder; *(erscheinen)* aparecer *(zc)*
Vorkommen presencia
vorletzte/r penúltimo/-a
Vorliebe preferencia; *(Geschmack)* gusto
vormittags por la mañana
vorne delante; *(vorwärts)* adelante
Vorrang prioridad *f*
Vorrat provisión *f*; *(Reserve)* reserva; *(Wirtschaft)* existencias
solange der Vorrat reicht hasta agotar existencias
vorrücken avanzar
Vorschlag propuesta, sugerencia
vorschlagen proponer *(vgl. poner)*, sugerir *(ie)*
Vorschriften reglamento

Vorschule educación *f* infantil
Vorsicht cuidado
vorsichtig sein tener cuidado, tener ojo
vorsichtshalber por si acaso
Vorsichtsmaßnahme precaución *f*
Vorspeise entrada; *(erste Speise)* primero
vorstellen presentar
sich vorstellen *(sich bekannt machen)* presentarse; *(sich denken)* figurarse; *(sich ausmalen)* imaginar(se); *(Vorstellungsgespräch)* entrevistarse
Vorstellung presentación *f*; *(Auffassung)* concepto; *(Schauspiel)* espectáculo
Vorstellungsgespräch entrevista de trabajo
Vorstellungskraft imaginación *f*
Vorteil ventaja
vorteilhaft oportuno/-a, favorable
Vortrag conferencia
vortragen exponer *(vgl. poner)*
vorübergehend pasajero/-a
Vorurteil prejuicio
Vorwahl prefijo (telefónico)
vorwärts adelante
vorwärts gehen seguir *(i)* adelante
vorwärts kommen adelantar
vulgär vulgar
Vulgärlatein latín *m* vulgar
Vulkan volcán *m*

W

waagrecht horizontal
Wache guardia
Wachs cera
wachsen crecer *(zc)*
wachsend creciente
Wachstum crecimiento
Waffe arma
wagen atreverse
Wagen *(Eisenbahn-)* vagón *m*
Wahl- selectivo/-a
Wahlen elecciones *f*
wählen *(auswählen)* elegir *(i)*, escoger; *(Stimme abgeben)* votar; *(Telefon)* marcar
Wählerverzeichnis registro electoral
Wahlmöglichkeit opción *f*
Wahlrecht derecho al voto
Wahnsinn locura
wahr cierto/-a, verdadero/-a
es ist wahr, dass es cierto que…
wahr werden hacerse realidad
während *(mit Substantiv)* durante; *(mit Verb)* mientras (que)
währenddessen mientras
Wahrheit verdad *f*
wahrscheinlich probable(mente)
Wahrscheinlichkeit probabilidad *f*
Währung moneda
Wal ballena
Wald bosque *m*
Wallfahrt romería
Walzer vals *m*
Wand pared *f*
Wanderer/-in caminante *m/f*
wandern hacer senderismo
Wandern senderismo
Wanderweg ruta de senderismo
Wann? ¿Cuándo?
Ware mercancía
warm caliente
es ist warm hace calor
warm sein tener calor
warnen advertir *(ie)*
Warnung aviso
warten (auf) esperar, estar a la espera de
Warten espera
Wartesaal, -zimmer sala de espera
Warum? ¿Por qué?

Was? ¿Qué?
was ... angeht en cuanto a
Was für ein ...! ¡Qué...!
Waschbecken lavabo
Wäscheabteilung/-geschäft lencería y corsetería
(sich) waschen lavar(se)
Wäscherei lavandería
Wäscherin lavandera
Waschmaschine lavadora
Waschmittel detergente *m*
Waschplatz lavadero
Wasser agua
wasserdicht impermeable
Wasserfall cascada; *(großer ~)* catarata
Wasserknappheit escasez *f* de agua
Wasserschwein carpincho
Wassersport deporte *m* acuático
Wasservogel ave *f* acuática
Website página web
Wechsel *(Veränderung, das Wechseln)* cambio; *(im Finanzwesen)* letra de cambio
Wechsel- temporal
wechseln cambiar; variar *(í)*
wecken despertar *(ie)*
Wecker despertador *m*
weder ... noch ni... ni
Weg camino; *(Fuß-)* senda; *(Mittel)* vía; *(Reiseweg)* ruta
wegen debido a (que); *(um ... willen)* por
weggehen irse, marcharse
weglaufen salir corriendo
wegnehmen retirar
wegrennen salir corriendo
wegwerfen tirar
Wegwerftüte bolsa de usar y tirar
wehtun doler *(ue)*
Wehrdienst servicio militar; mili *f*
Wehrdienstverweigerer *(aus Gewissensgründen)* objetor *m* de conciencia; *(Wehr- und Zivildienstverweigerer)* insumiso
weiblich femenino/-a
weich blando/-a
Weide *(Koppel)* dehesa
sich weigern negarse *(ie)*
Weihnachten Navidad *f*
Weihnachts- navideño/-a
Weihnachtslied villancico
weil porque; *(da)* ya que; *(aufgrund)* debido a (que)
Weile rato
Wein vino
weinen llorar
Weinkeller(ei) bodega
Weinstraße ruta del vino
Weintraube uva
weiß blanco/-a
weit *(breit)* amplio/-a; *(Kleidung)* ancho/-a
weit entfernt alejado/-a, lejano/-a
weit weg lejos
weitere/r/s otro/-a, demás
sich weiterentwickeln progresar
weiterführende Schule escuela secundaria, enseñanza secundaria, estudios secundarios
weitergehen *(seinen Weg)* seguir *(i)* adelante; *(andauern)* seguir *(i)*, continuar *(ú)*
weiterhin etwas tun seguir *(i)* + *Gerundium*, continuar *(ú)* + *Gerundium*
weiterhin nicht tun seguir *(i)* sin + *inf*
weiterverbinden pasar la llamada
Welche/r/s? *(alleine)* ¿Cuál(es)?; *(mit Substantiv)* ¿Qué?
Wellensittich periquito
Welt mundo; *(Erde)* tierra
die ganze Welt todo el mundo
Neue Welt Nuevo Mundo
Welt- mundial
Weltkrieg Guerra Mundial

Weltkulturerbe Patrimonio de la Humanidad
Weltmeisterschaft mundial *m*
weltweit mundial, global
Wem? ¿A quién?
sich wenden an dirigirse a
wenig poco/-a
weniger (als) menos (que); menos de *(+ Zahl)*
wenigstens como mínimo
wenn *(zeitlich)* cuando; *(falls)* si; cuando + *subj*
wenn möglich a ser posible
wenn nicht si no
Wer ist am Apparat? ¿De parte de quién?
Wer? ¿Quién(es)?
Werbung *(Reklame)* publicidad *f*; *(eines Produkts, Films; im Sport)* promoción *f*
werden *(Zustandsveränderung)* ponerse; *(Verwandlung)* convertirse *(ie)* en; *(Beruf)* hacerse + *Adj / Subst*
werfen tirar; *(schleudern)* lanzar
Werk obra
Werkstatt taller *m*
Wermut vermut *m*
Wert valor *m*
wertschätzen apreciar
wert sein merecer *(zc)*
Wesen ser *m*
wesentlich esencial
Westen oeste *m*
Western película del oeste
Westeuropa occidente *m* europeo
Wettbewerb *(Sport)* competición *f*; *(Veranstaltung)* concurso; *(Wirtschaft)* competencia
im Wettbewerb stehen competir *(i)*
wetteifern competir *(i)*
Wetter tiempo
es ist gutes Wetter hace buen tiempo
Wie ist das Wetter? ¿Qué tiempo hace?
Wettervorhersage pronóstico del tiempo
Whirlpool jacuzzi *m*
wichtig importante
wichtig nehmen dar importancia
wichtige Gruppe grupo de peso
widerlich odioso/-a
widerspiegeln reflejar
sich widerspiegeln reflejarse
Widerspiegelung reflejo
Widerstand resistencia
Widerstand leisten hacer frente (a)
widmen dedicar
sich ... widmen dedicarse a
Widmung dedicación *f*
wie como
Wie ...! ¡Qué...! ¡Cómo...!
Wie (bitte)? ¿Cómo?
Wie gefällt Ihnen ...? ¿Qué le parece...?
Wie geht's? ¿Qué tal?
Wie ich dich beneide! ¡Qué envidia!
Wie ist / schmeckt ...? ¿Qué tal...?
Wie lange? ¿Cuánto tiempo?
wie nichts zuvor más que nada
Wie sehr ...! ¡Cuánto...!
Wie viel(e)? ¿Cuánto/-a/-os/-as?
Wie viel macht das? ¿Cuánto es?
wieder otra vez, de nuevo
wieder tun volver *(ue)* a + *inf*
Wiederaufbau reconstrucción *f*
Wiederbeschaffung recuperación *f*
wiedererkennen reconocer *(zc)*
wiedererlangen recuperar
Wiedergabegerät reproductor *m*
Wiedergewinnung recuperación *f*

wiederholen repetir *(i)*; *(Lernstoff)* repasar
wiederholt repetido/-a
Wiederholung repaso
Wiedervereinigung reunificación *f*
wiederverwenden reutilizar
wiegen pesar
Wien Viena
wild salvaje
„wilde Kartoffeln" patatas bravas
Wille voluntad *f*
willkommen bienvenido/-a
Willkommensgruß señal *f* de bienvenida
Wind viento; *(leichter ~)* brisa
Windenergie energía eólica
Windmühle molino de viento
Windpark parque *m* eólico
Winter invierno
wir nosotros/-as
wirken actuar *(ú)*
wirklich real(mente), de veras, efectivamente
Wirklich? ¿De verdad?
in Wirklichkeit en realidad
Wirklichkeit werden realizarse
Wirklichkeitsform indicativo
wirksam efectivo/-a, eficaz, eficiente
Wirksamkeit eficacia
Wirkung efecto; eficacia
Wirtschaft economía
wirtschaftlich económico/-a
Wirtschaftsministerium Ministerio de Economía
Wirtschaftsspanisch español *m* de negocios
wissen saber *(yo sé)*
Wissenschaft ciencia
Wissenschaftler/in científico/-a
wissenschaftlich científico/-a
Witwe/r viudo/-a
wo *(Relativpronomen)* donde
Wo? ¿Dónde?
Woche semana
Wochen- semanal
Wochenende fin *m* de semana
wöchentlich semanal
wodurch por donde
Woher? ¿De dónde?
wohin adonde
Wohin? ¿Adónde?
Wohlbefinden bienestar *m*
wohlwollend favorable
wohnen vivir, residir
Wohngemeinschaft piso compartido
Wohnort domicilio
Wohnsitz residencia
Wohnung vivienda
Wohnzimmer salón *m*, sala de estar; *(LA)* sala, living *m*
Wolf lobo
Wölflein lobito
Wolke nube *f*
Wolkenkratzer rascacielos *m*
Wolle lana
wollen querer *(ie)*
Workshop taller *m*
Wort palabra
Wörterbuch diccionario
Wortschatz vocabulario
Wozu? ¿Para qué?
Wunde herida
Wunder maravilla; *(übernatürlich)* milagro
Wunder- maravilloso/-a
wunderbar *(großartig)* estupendo/-a; *(schön)* maravilloso/-a, de maravilla
wundern extrañar
wunderschön hermosísimo/-a, precioso/-a
wundertätig milagroso/-a
Wunsch deseo
wünschen desear
Würfel dado
Wurst salchicha

Wurst sein *(fam)* importar un rábano
Würstchen salchicha
Wurstladen/-stand charcutería
Wurzel raíz *f*
wurzeln arraigar
Wüste desierto
wütend furioso/-a

Y

Yacht yate *m*

Z

Zahl número; *(Ziffer)* cifra; *(Münze)* cruz *f*
zahlbar pagadero/-a
zahlen pagar
zahlreich(e) numeroso/-a(s)
Zahlung pago
Zahlungsaufforderung requerimiento de pago
Zahlungsbedingungen condiciones *f* de pago
Zahn diente *m*; *(Backen-)* muela
Zahnarzt/-ärztin dentista *m/f*
Zahnbürste cepillo de dientes
Zähne putzen lavar los dientes
zärtlich cariñoso/-a
Zauber- mágico/-a
Zehe dedo del pie
zehn diez
zehnte/r/s décimo/-a
jeder Zehnte uno de cada diez
Zeichen signo
Zeichen geben hacer señas
Zeichentrickfilm película de dibujos animados
zeichnen dibujar
Zeichner/in ilustrador/a, diseñador/a
Zeichnung dibujo
zeigen mostrar *(ue)*, enseñar, señalar; *(anzeigen)* indicar; *(aufklären)* ilustrar; *(beweisen)* demostrar *(ue)*
sich zeigen mostrarse *(ue)*; *(erscheinen)* asomarse
Zeit tiempo; *(Zeitalter)* época; *(Arbeits-)* horario
in jener Zeit en aquella época
in letzter Zeit últimamente
Zeit benötigen, um zu ... tardar en + *inf*
Zeitenfolge secuencia de tiempos
zeitgenössisch contemporáneo/-a
Zeitmarker marcador *m* temporal
Zeitraum período
Zeitschrift revista
Zeitung periódico
Zeitungs- periodístico/-a
Zeitungsbeilage suplemento
Zeitverschwendung pérdida del tiempo
Zelt tienda de campaña
Zensur censura
Zentimeter centímetro
zentral central
zentral gelegen céntrico/-a
Zentralamerika América Central
Zentrale central *f*
Zentrum centro
zerbrechen romper(se)
zerkleinern picar
zerstören destruir *(y)*
zerstört destruido/-a
zerstreut disperso/-a; *(Person)* despistado/-a
Zerstreuung dispersión *f*
Zertifikat certificado, diploma *m*
Zettel papel *m*
Zeuge/-in testigo *m/f*
Ziege cabra
Ziehung *(Lotterie)* sorteo

Ziel *(Zweck)* fin *m*, finalidad *f*; *(Reise-)* destino; *(Lebens-)* meta; *(Ankunft)* llegada
ziemlich bastante, relativamente
Ziffer cifra
Zigarette cigarrillo
Zigarre cigarro
Zimmer habitación *f*; *(LA)* cuarto, pieza
Zins interés *m*
Zinssatz tipo de interés
zitieren citar
Zitrone limón *m*
zittern temblar *(ie)*
Zivildienst servicio social sustitutorio
Zivilisation civilización *f*
Zivilist/in civil *m/f*
zögern dudar
Zoll(amt) aduana
Zoo zoo(lógico), parque *m* zoológico
zornig machen indignar
zu a; *(Richtung)* hacia; *(um zu)* para; *(zu viel, allzu, zu …)* demasiado…
zu guter Letzt por último
zu Rate ziehen consultar
zu tun haben mit tener que ver con
zu zweit en parejas
Zubehörteil accesorio
zubereiten preparar
Zucker azúcar *m*
zuerst *(als Erstes)* primero; *(vor den anderen)* antes que nadie
Zufall casualidad *f*
zufällig por casualidad
zufrieden contento/-a, satisfecho/-a; conforme
Zufriedenheit satisfacción *f*
zufriedenstellen satisfacer *(vgl. hacer)*
zufriedenstellend satisfactorio/-a
Zug *(Eisenbahn)* tren *m*; *(Schule, Wissenschaft)* itinerario
Zugang acceso
Zugang haben (zu) acceder (a)
zugeben admitir
zugestehen conceder
Zugriff acceso
zugunsten (von) a / en favor de
Zuhause hogar *m*
zukommen lassen hacer llegar
Zukunft futuro
in Zukunft en el futuro, en lo sucesivo
zukünftig futuro/-a
zukunftsorientiert sostenible
zulassen *(erlauben)* admitir
zulassen, dass dejar que + *subj*
Zunahme aumento
Zuneigung cariño
zunehmen *(schwer werden)* engordar; *(sich vergrößern, vermehren)* aumentar
Zuprosten brindis *m*
zur Zeit actualmente
sich zurechtmachen arreglarse
zurückerobern reconquistar
zurückgeben devolver *(ue) (vgl.* volver)
zurückgehen volver *(ue)* a lo anterior; *(nachlassen)* disminuir *(y)*, reducirse *(zc)*
zurückgewinnen recuperar
zurückhaltend reservado/-a
zurückkehren regresar, volver *(ue)*
zurücklegen recorrer
zurücktreten retirarse
Zurückweisung rechazo
sich zurückziehen retirarse
zurückzuführen sein auf deberse a
zusagen convenir *(vgl. venir)*
zusammen (mit) junto (con)
Zusammenarbeit colaboración *f*

zusammenarbeiten colaborar
zusammenfassen resumir
zusammenfassend en resumen
Zusammenfassung resumen *m*; *(Synopse)* sinopsis *f*
zusammengesetzt compuesto/-a
Zusammenhang *(im Text)* contexto; *(Beziehung)* relación *f*
Zusammenkunft reunión *f*
zusammenleben convivir
Zusammenleben convivencia
sich zusammenschließen (mit) asociarse (con)
Zusammenschluss asociación *f*
Zusammensitzen nach dem Essen sobremesa
zusammenstellen poner en común
Zusammenstoß choque *m*
zusammenstoßen (mit) *(kollidieren)* chocar (con); *(aufeinandertreffen)* enfrentarse (con)
zusammentragen poner en común
zusammenzählen sumar
zusätzlich adicional, extra
Zuschauer/in espectador/a
Zuschlag suplemento
zusenden remitir (a)
zusichern asegurar
Zustand estado
zustande bringen llevar a efecto
Zuständige/r encargado/-a
Zustimmung aceptación *f*
Zutat ingrediente *m*
zuviel demasiado/-a
zuviel sein sobrar
Zwangsvorstellung obsesión *f*
zwanzig veinte
Zweck finalidad *f*
Zweckmäßigkeit funcionalidad *f*
zwei dos
Zweifel duda
zweifellos sin duda
zweifeln dudar
Zweigstelle sucursal *f*
zweihundert doscientos/-as
zweisprachig bilingüe
zweite/r/s segundo/-a
Zweite Republik Segunda República (1931–39)
zweitens en segundo lugar
zweiter Stock segundo
Zwerg(lein) enan(it)o
Zwiebel cebolla
Zwillinge gemelos/-as
zwingen (zu) obligar (a)
zwischen entre; *(in der Mitte)* en medio de
Zwischenlandung escala
zwölf doce
Zyklus ciclo